Kolofon

©Mathias Jansson (2014)

"Träd, virus och urin – essäer om samtidskonst"

ISBN: 978-91-86915-12-4

Utgiven av:

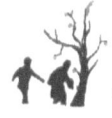 "jag behöver inget förlag"

c/o Mathias Jansson

Tvärvägen 23

232 52 Åkarp

http://mathiasjansson72.blogspot.se/

Essäerna har tidigare varit publicerade i Tidningen Kulturen.

Innehåll

Förord 3

Trädet i samtidskonsten – en upp och nedvänd historia 4

Drömmen om auto-poeten 8

Sprida konst med datavirus 13

Från hemsidekitsch till konstauktion: GIF-bildens återkomst 19

Det slutna rummet 22

Syntax error som skön konst 31

Tåg i konsten – fart och rök 35

Geten i konsten – en riktig syndabock 39

Från penselhår till pixelporr – en essä om pornografi i konsten
.... 42

Skräcken, skräcken! – en essä om skräckfilm och konst 52

Inte bara påskägg – en essä om ägg i konsten 60

En stank av urin – en essä om det manliga kissandet i konsten
.... 65

Varsågod och sitt – en essä om stolen i konsten 73

Jakten på den röda ballongen – en essä om ballongen i
konsten 79

En essä om ingenting 85

Förord

Att följa en röd tråd genom konstens labyrint är både spännande och fascinerande. I den här essäsamlingen hittar du ett knippe trådar som jag följt de senaste åren. Det har ofta startat med ett konstverk av en get, en ballong eller helt enkelt ingenting och när jag börjat söka efter mer information om verket har jag hittat andra konstverk med samma tema eller motiv. Min resa har ibland fört mig långt tillbaka i konsthistorien och ibland utanför konstens värld men jag har alltid försökt att komma tillbaka till samtidskonsten och vår egen tid. Som alla essäer utmärks de av det planlösa strövandet och de fria associationer som förhoppningsvis lockar till ett fördjupat intresse och en törst att söka efter mer kunskap inom området.

Mathias Jansson

Åkarp 2014

Trädet i samtidskonsten – en upp och nedvänd historia

I samtidskonsten behandlas trädet ofta ganska respektlöst. Det slits upp med rötterna och hängs upp och ned i stadsrummet eller i galleriet. Det påminner nästan om en blasfemisk handling som ett upp och nedvänt kors. Den svenska konstnären Charlotte Gyllenhammar lät 1993 hänga en stor ek upp och ned i central Stockholm med titeln *Dö för dig*. En betydlig tidigare version av det upp och nedvända trädet hittar man hos den amerikanska konstnären Robert Smithson som 1969 skapade *Upside-Down Tree*. En installation med trädstammar som Smithson hittade i naturen och som han sedan planterade upp och ner ute i landskapet så rötterna blev trädkronan.

Det finns många fler samtida exempel på hur träden har hängts upp och ner för konstens skull. På Berlinische Galerie hängde konstnären Michael Sailstorfer år 2012 upp fem stycken träd i taket och med hjälp av en motor fick han träden att rotera runt deras egen axel. Långsamt sveptes trädtopparna i cirklar som jättelika penslar över gallerigolvet medan bladen och barren lämnade färgavtryck i golvet. Den andra delen av Sailstorfers verk bestod av ett fält av svart färg ute i skogen. Naturen kommer in i galleriet och konsten ut i naturen. Som i Charlotte Gyllenhammars verk handlar Sailstorfers installation också om döden. Träden i galleriet dör och vissnar under utställningen gång. De blir offrade för konsten.

I den lettiska paviljongen på den 55:e Venedigbiennalen kunde man hitta konstnären Krišs Salmanis upp och nedvända träd som gungade från taket som en pendel fram och tillbaka över golvet. Verket hade titeln North by Northeast som en snegling på Alfred Hitchcocks kända agentfilm North by Northwest. Det fanns även en annan likhet i verket förutom titeln. Hitchcocks film handlar om ihopblandade identiteter. I Salmanis installation har han ryckt upp ett träd från Lettland och låter det symbolisera den lettiska kulturen. Det verkar dock som om den lettiska kulturen befinner sig i en rotlös situation pendlande mellan olika riktningar. Salmanis verk kan tolkas som en identitetskris i det lettiska samhället som befunnit sig i stark omvandling de senaste åren. Landet har en stark historia knuten till Ryssland men det senaste decenniet har landet haft en snabb ekonomisk tillväxt och riktat sig mot Västeuropa vilket bland annat skapat stora skillnader mellan städerna och landsbygden.

Träd kan alltså representera vår historia och vår identitet och därför blir vi också väldigt engagerade när träd blir hotade. År 1972 ville Stockholm stad såga ner tretton almar i Kungsträdgården för att bygga en tunnelbaneuppgång. Allmänhetens motstånd blev stark och resulterade i den omtalade Almstriden där demonstranter och polis drabbade samman. Träden står kvar än idag som en seger för medborgarinflytande. Ett mer aktuellt exempel är TV-eken som stod vid Oxenstiernsgatan. Eken som var flera hundra år gammal och betraktades som en av Stockholms äldsta skulle fällas på grund av ålderdom vilket ledde till massiva protester.

Den här gången vann dock inte demonstranterna utan eken fälldes under stor polisbevakning natten till den 25 november 2011. Men diskussionerna och allmänhetens engagemang i media blev livliga både före och efter fällningen.

Trädet har alltid funnits med i konsthistorien. Bakom Adam och Eva skymtar vi ofta Kunskapens träd med ormen slingrande runt stammen. Korsfästelsescenen kan man se som en stiliserad bild av ett träd som i sin tur symboliserar livscykeln, döden och livet. Trädet som tappar sina löv och dör på hösten men som lever upp igen på våren och får nya blad precis som Kristus dör och återuppstår på korset. Under romantiken kunde trädet förmedla en stämning eller känsla som i Caspar David Friedrichs berömda målning med en man och en kvinna som betraktar månen. Till höger i målningen ser vi en gammal ek som nästan håller på att falla ur bilden. För många religioner och mytologier har trädet en stark symbolisk betydelse. Genom sina rötter och sin trädkrona sammanbinder trädet himlen och underjorden. Inom nordisk mytologi hittar vi världsträdet Yggdrasil och inom den judiska Kabbala livets träd. Gustav Klimt gjorde mellan 1905-11 en stor muralmålning till Stoclet palatset i Bryssel som föreställde just livets träd. I konsthistorien finns det många träd och de avbildas ofta med respekt och vördnad. Även om respekten och symboliken för trädet i samtidskonsten inte är lika stark så finns det naturligtvis konstnärer som fortfarande har en mer vårdande inställning till trädet.

Ett av de mest kända exemplen hittar man under *Documenta 7* (1982) då konstnären Joseph Beuys med hjälp av frivilliga krafter planterade runt 7000 ekar runt om i Kassel. För Beuys var det ett inlägg i miljödebatten och ett försök att göra stadskärnan grönare. Under Berlinbiennalen 2012 medverkade den polska konstnären Lukasz Surowiec med ett verk som påminner om Beuys. Surowiec planterade ut ett hundratal björkar runt om i Berlin och erbjöd även besökarna att ta med sig en egen torvkruka med en björkplanta för att plantera hemma. Det speciella med dessa plantor var att de var framodlade från björkfrön som konstnären hade samlat in från koncentrationslägret Auschwitz-Birkenau. Björkarna skulle påminna oss om ett svart kapitel i mänsklighetens historia, men också vara en påminnelse om att vackra saker kan växa på hemska platser. En björk kan bli nästan trehundra år gammal och ek runt tusen år. Träden kan skapa en länk mellan generationer av människor och hjälper oss att skapa en kontinuitet i vår historia.

Drömmen om auto-poeten

Drömmen om den självskrivande poesimaskinen, autopoeten har länge varit en dröm för många poeter och konstnärer. Med dagens teknik kan den drömmen bli sann. Johannes Heldén & Håkan Jonsons digitala konstverk *Evolution* som finns tillgängligt på hemsidan www.textevolution.net består av en databas fylld med Johannes Heldéns texter och ljudkompositioner. Med hjälp av ett AI-program, dvs. ett program som efterliknar artificiell intelligens kan datorn själv skapa nya texter och kompositioner som påminner om Heldéns verk. Den brittiska matematikern Alan Turing som var en av datorteknologins förgrundsgestalter skapade 1950 Turingtestet som ställer frågan: När vet vi egentligen när en maskin börjar tänka själv? Enligt Turing sker det när vi kan tala med en maskin och inte längre kan avgöra om det är en maskin eller en människa som vi pratar med. Så om programmet *Evolution* skapar en diktsamling och mailar den till landets kulturredaktioner som recenserar den som en ny diktsamling av Heldén kan man då säga att programmet har egen intelligens och kan betraktas som en poet?

Tidigare i år skrev den engelska tidningen Daily Mail att textanalysprogrammet *Fluency* hade använts på Shakespeares sonetter och efter att ha analyserat texterna kunde programmet skapa en ny sonett i Shakespeares anda. I framtiden skulle vi alltså kunna få helt nya verk av döda författare bara genom att analysera deras publicerade texter och sedan låta datorn spotta ut volym efter volym med nya verk. Problemet är bara att det fortfarande inte skulle vara en text av Shakespeare, lika lite som om någon Shakespeareexpert skulle sätta sig ner och skriva nya sonetter och försöka ge ut dem som Shakespeares verk. Det skulle fortfarande bara vara frågan om plagiat.

I Heldéns *Evolution* är det dock annorlunda. Här är det poeten själv som ligger bakom programmet och det ingår som en del i hans konstnärskap. Ser man tillbaka i historien så finns det också en lång tradition inom poesin att överlåta själva skrivandet åt andra former av "intelligenser". Redan under antiken skrev Platon i dialogen *Faidros* att det var muserna som "går in i en subtil och oskuldsfull själ och skapar vanvett, väcker lyrik och annan poesi." Poeten var liksom oraklet i Delfi ett kärl som kunde öppna en kanal till en högre verklighet och de gudomliga idéerna strömmande sedan från gudarna ner på pappret. Dessa idéer dominerar den period inom litteraturhistorien som vi kallar romantiken. På 1800-talet kunde därför en ung djärv poet som Byron, Shelley eller Coleridge plötsligt drabbas av gudomlig inspiration och kastar ner en briljant dikt på pappret utan att själv riktigt kunna förklara vad som hände. Freud och psykoanalysens flyttade fokus från den romantiska idén om en utomstående gudomlig inspiration till poetens undermedvetna. Under 1900-talet började därför surrealisterna att använda sig av automatisk skrift för att komma förbi medvetandes censurfilter och nå direkt till källan i det undermedvetna. Skriften blev en automatisk berättelse där poeten inte medvetet var delaktig. Han behövde bara luta sig tillbaka och låta texten strömma fram ur sin penna.

Idag är det inte gudarna eller det undermedvetna som poeterna förlitar sig på utan intelligenta maskiner. Men i grund och botten handlar det om samma idé om att låta ett högre medvetande skapa poesi. Poeten sätter bara igång själva processen, han blir en operatör eller kanal som skapar de rätta förutsättningarna så det högre medvetandet kan förmedla sin kunskap. Idag är det inte heller religion eller psykologi som är vägen dit utan matematik och datorer. Dagens poeter drömmer om en dator som är så intelligent att den själv kan skapa poesi.

Redan 1995 skapade den svenska konstnären Ola Pehrson verket *Autopoet*. Även här handlar det om en databas med runt 15 000 ord hämtade från tio framstående svenska 1900-talspoeters verk. Istället för artificiell intelligens förlitar sig programmet på en slumpgenerator som slumpmässigt väljer ord och sätter ihop dem till nya dikter. I den tyska konstnären och teoretikern David Links avhandling från 2004 följer han den historiska utvecklingen från 1948, då den första datamaskinen skapades, till dagens försök att skapa en poesimaskin och maskinpoesi. I grund och botten handlar det om skapa en artificiell intelligens som kan producera texter och dialoger som är omöjliga att skilja från en människas.

Enligt Link kan man i historien hitta två olika angreppssätt för att skapa artificiella texter. Det ena är att tron på att språket och världen kan brytas ner till ett antal logiska instruktioner och genom att skapa stora trädliknande strukturer med olika valmöjligheter kan man skapa nästan ett oändligt antal variationer. Tidigare exempel hittar man i program som

ELIZA eller i textbaserade äventyrsspel där dina val skapar en dialog med systemet. Det är dessa system som många kund- och supportsystem idag använder. Du ställer en fråga och får ett svar som leder till att du ställer en ny fråga och får ett nytt svar tills problemet är löst. Det andra sättet bygger istället på algoritmer som analyserar befintliga texter för att skapa nya. Sättet påminner om dadisternas collageteknik eller William S. Burroughs "Cut-Up" experiment och det är den principen som Evolution och många andra autopoetiska program använder. Genom att analysera en stor textmassa kan en algoritm hitta mönster och skapa texter som är sannolika och efterlikna en poet eller en stil.

David Link är som sagt även konstnär och han skapade 2001 verket *Poetry Machine* som ligger till grund för hans avhandling. *Poetry Machine* är en installation där ett dataprogram skapar poesi från internets oöverskådliga informationsflöde och projicerar texten på en stor videoskärm. När besökaren kommer in i rummet möts den av ett tangentbord där tangenterna spöklikt trycks ner och texten som väller fram på skärmen blir uppläst av en monoton mekanisk röst. I närvaro av besökaren börjar dock systemet att tveka, orden kommer inte lika snabbt. Det är som om närvaron av någon som tittar på stör och efter ett tag tystnar systemet. Istället inbjuds besökaren att själv börja skriva på tangentbordet.

Links avhandling handlar mycket om gamla program som försöker skapa texter och hans arkeologiska intresse för gammal datakod avspeglar sig i verket *Love Letters* från 2009 som visats på bland annat *Documenta 13*. *Love Letters* skapades ursprungligen redan 1953 av Christopher Strachey som arbetade vid Manchester University Computer. Programmet använde sig precis som i Ola Pehrsons *Autopoet* av en slumpgenerator för att skapa kärleksbrev. I Links installation har han rekonstruerat maskinen och koden som hela tiden skapat nya kärleksbrev som sedan projiceras på en skärm och en gång om dagen väljs ett brev ut som läses upp högt av maskinen.

Att maskiner idag kan skapa poesi är inte speciellt märkvärdigt. I många fall är det nästan omöjligt att avgöra om det är en maskin eller människa som skapat dikten. Anledningen är att poesin sedan modernismen hela tiden har försökt att hitta nya former och utryck. Den är fragmentarisk, experimentell och försöker hela tiden bryta och förnya språkets ramar. Poesi kan se ut och låta på många olika sätt och den typen av texter är det inga problem för dagens datorer att efterlikna. Dagens textprogram klarar visserligen ännu inte av att skriva långa romaner men de kan definitivt skriva poesi. Om man inte längre kan se någon skillnad på en dikt skapad av Johannes Heldén och en dikt skapad av programmet *Evolution* då uppstår frågan vem som egentligen är poeten, människan eller maskinen? Det verkar som om drömmen om autopoeten har besannats.

Sprida konst med datavirus

Jag minns ett datavirus som drabbade min hemdator Amiga 500 i slutet av 80-talet. På skärmen kunde man läsa: *"Something wonderful has happened Your AMIGA is alive !!! and, even better...Some of your disks are infected by a VIRUS !!!"* Varken då eller nu tycker jag det är speciellt underbart att drabbas av ett datavirus. Men trots det är det fascinerande att tänka sig att ett datavirus är levande. Att det precis som sin biologiska motsvarighet har förmågan att föröka sig, sprida sig och förändra sig med tiden. Det är nästan som om viruset skulle ha en egen form av intelligens. Egenskaper som man skulle kunna använda till att skapa konst av.

Det mest kända dataviruset i konstvärlden är *bienale.py* och som namnet antyder så spreds det på *Venedig Biennalen* 2001 genom ett samarbete mellan konstnärsgruppen 0100101110101101.ORG och epidemiC. På den här tiden var virus fruktade av allmänheten. Åren tidigare hade virusen *Melissa* och *ILOVEYOU* spridit sig över världen och åstadkommit stor skada. Idag är virus som förstör information på din dator inte speciellt vanliga. Cyberbrottslingarna har vuxit upp och är mer intresserade av att tjäna pengar på din dator än förstöra informationen på din hårddisk. Risken är betydligt större att du få besök av sofistikerad programvara som stjäl dina inloggningsuppgifter, kapar din dator och använder den till att skicka spam, eller helt enkelt tar över din webläsare så att reklam hela tiden poppar upp. Men 2001 var virusskräcken fortfarande stor och i den slovenska paviljongen på Venedigbiennalen stod en dator infekterad med viruset *bienale.py*. *Bienale.py* var nu ganska harmlöst och fick aldrig någon riktig spridning. Konstnärerna hade dessutom varskott alla större anti-virusföretag om att viruset skulle släppas, så sannolikheten att det skulle göra någon skada var minimal. *Bienale.py* spred sig nu inte bara i den digitala världen utan även i den verkliga världen genom att man hade tryckt upp tusen T-shirts med programkoden till viruset. Att ett datavirus kunde betraktas som konst var något helt nytt och sensationellt. Dessutom skapade idén om att någon medvetet ville sprida ett datavirus i konstvärden och orsaka kaos och katastrof naturligtvis en hel del rubriker

Bakom *bienale.py* stod Epidemic, en italiensk grupp bestående av olika personer med bakgrund inom net.art, datorer och juridik. Efter *bienale.py* skapade de viruset *bocconi.vbs* som de kallade ett brand-virus, det vill säga ett logotype-virus. Viruset fick namnet efter Bocconi-universitetet i Milano eftersom det ändrade i Windows startfiler så att datoranvändaren fick se Bocconi-universitetets logotype när de startade datorn. Viruset spred sig sedan vidare genom att skicka sig själv till alla personer i din adressbok och bjuda in dem att besöka universitets hemsida. Tanken med viruset var att det kunde skräddarsys för olika företag eller organisationer som ville marknadsföra sig. Idag skulle vi kalla det spam, men *bocconi.vbs* är intressant som ett tidigt exempel på hur ett virus kan användas för att sprida en konstidé digitalt.

Det finns exempel på viruskonst redan från början av 1990-talet. Den brittiska konstnären och hackaren Rob Meyers gjorde 1993 ett *PostScript Virus*. PostScript är ett programmeringsspråk som bestämmer hur sidorna ska se ut vid utskrift på en skrivare. Tanken var att viruset skulle sprida sig bland nätverkets skrivare och plötsligt skulle det komma ut konstbilder ur skrivaren. Viruset skulle hjälpa till att sprida Meyers konst till en större publik. Viruset släpptes aldrig ut offentligt och samma sak gäller ett annat virus som Meyer utvecklade till ordbehandlingsprogrammet Word som skulle radera ordet "postmodernism" när det dök upp i dokumenten.

Denis Roio, eller Jaromil som han kallas, är programmeraren och mediakonstnären som 2002 skapade verket ":(){ :|:& };:". Det är inte frågan om några smileys utan en kod som när den skrivs in i operativsystemet UNIX:s kommandotolk får datorn att krascha. Det är ett enkelt virus som när man trycker på Enter genast börjar kopiera sig i rasande fart för att snart överbelasta hela systemet så det kraschar. Jaromil kallar sitt verk ett poetiskt virus och han ser dataprogram som en form av litteratur. Själva sporten för många programmerare är att skapa en ren kod, som innehåller så få rader som möjligt för att åstadkomma det de vill göra. Precis som i poesi vill man skala bort allt de onödiga för att få fram en kärna där språk, funktion och innehåll samspelar. ":(){ :|:& };:" består bara av tretton olycksbådande tecken (mellanslag inräknat) och fungerar även som ett visuellt verk. Att Jaromil har inspirerats av *bienale.py* märks genom att detta virus också finns på T-shirts och har spridits utanför den digitala världen, till exempel som en väggmålning. Bland de som sprider datavirus brukar man jämföra virus med en elektronisk form av graffiti. Precis som graffiti är det en subkultur, som i de flesta fall är olaglig och där upphovsmännen är anonyma och arbetar under pseudonym. De har det gemensamt att de vill synas och få beröm för sina verk och vill därför att deras verk ska spridas och synas på så många platser som möjligt. Som konstnär vill man naturligtvis att ens verk uppmärksammas utanför en liten datorintresserad krets, så ett sätt att sprida dataviruskonst utanför denna lilla krets är att göra verket tillgängligt i andra medier som på T-shirts eller i målningar.

Jaromil kurerade 2002 utställningen *I LOVE YOU* (efter det berömda viruset) på Museum of Applied Arts i Frankfurt. Det var en av de första utställningarna som handlade om datavirus och hur de har inspirerat konsten. Bland de utställande konstnärer hittar man, förutom Jaromil, konstnärer som vi tidigare har nämnt, som epidemiC och 0100101110101101.org.

Viruskonst behöver nu inte bara vara textbaserad eller konceptuell utan datavirus kan också användas för att skapa bilder som i fallet med Joseph Nechvatal och Alex Dragulescu. Nechvatal började i början av 90-talet att intressera sig för artificiellt liv och började använda programvara och specialskrivna virus för att skapa konstverk. 1991 lanserades den första versionen av *Computer Virus Project* där Nechvatal utgick från ett tidigare konstverk som han skapat och sedan lät ett virus attackera bilden. Viruset bestod av en matematisk algoritm som färgade de attackerade områdena blå. Bilden förvandlades och förstördes av viruset. 2001 kom en andra version av *Computer Virus* där olika virusstammar nu levde i bilden och försökte att överleva genom att äta upp olika färger. Ett virus åt t ex röd och blå färg och lämnade efter sig ett grönt spår, det andra åt grönt och lämnade ett lila spår efter sig och en tredje variant livnärde sig på rött och grönt och lämnade efter sig ett blått spår. Skulle virusen råkas mötas äter de upp all färg och lämnar ett svart område bakom sig. I den nya versionen filmades hela processen och filmen blev en del av konstverket. Tavlan blev som ett litet samhälle, en koloni av konstgjord intelligens som levde sitt eget liv. De olika virusstammarna försökte bekämpa varandra och målningens färger förändrade beroende på hur kampen gick.

Alex Dragulescu intresserar sig istället för befintliga virus och hur de skulle se ut om de var visuella och inte bara bestod av rader med kod. I *Malwarez* (2011) (maleware är ett samlingsnamn på skadliga program som virus, trojaner och spyware) har Dragulescu letat upp virus och använt ett program för att skapa en organisk form av viruset baserat på hur det sprider sig. Resultatet är komplicerade strukturer som påminner mycket om organiska virus. Virus som Dragulescu har använt sig av är bl a *MyDoom*, *Netsky* och *Conficker*, tre virus som spreds på nätet mellan 2004-2008. Bakom det skadliga och destruktiva hittar Dragulescu något vackert och kreativt. En effekt av virusinfektioner på datorer är att de bidrar till att sprida en massa skräppost och Dragulescu har därför även gjort konst baserad på spam. Han har t ex skapat ett program som gör 3D-växter genom att analyser texten i skräpmail. Om vi i framtiden kommer att bli av med virus och skräpmail återstår att se, men vi kan i alla fall konstatera att även destruktiva krafter som ett datavirus kan förvandlas till något kreativt och fascinerande.

Från hemsidekitsch till konstauktion: GIF-bildens återkomst

När vanliga människor fick möjlighet att skapa egna hemsidor i början av 90-talet såg vi en kreativ explosion av webbdesign. Slutresultatet blev ofta litet väl mycket av det goda med ett hopkok av stilar, färger och inte minst animerade GIF:ar (Graphics Interchange Format). Vem kommer inte ihåg alla dessa färgglada Clipart-bilder som rörde sig på skärmen som postlådor, jordglobar och texter som "Hot", "New" eller varför inte den populära "Under Construction". Idag skulle vi betrakta många av dessa hemsidor som smaklösa och kitschiga. Efter 90-talets hemsiderevolution fick den animerade GIF:en ett litet skamfilat rykte. Den kom främst att förknippas med dålig grafisk återgivning som på sin höjd kunde användas till ikoner som staplades på hög i diverse Clipart-arkiv på nätet. Så om någon för 20 år sedan hade sagt att den animerade GIF:en i framtiden skulle användas av konstnärer och ställas ut på konstmuseum och säljas på konstauktion för dyra pengar, då skulle du förmodligen tro att någon skämtade med dig.

Tate Collectives, som är Tates Tumblrsida för att diskutera konst och lyfta fram ungas kreativitet, bjuder i alla fall in till "1840's GIF-Party " i februari. Tate Museum i London har bjudit in fem utvalda kreatörer som fått i uppdrag att skapa animerade GIF:ar utifrån ett antal målningar från museets gallerier. Bland de utvalda konsthistoriska verken hittar man John BretsLady *With A Dove: Madame Loeser*, 1864, Albert Moores *A Garden*, 1869, och John Singer Sargents *Carnation,*

Lily, Lily, Rose, 1885. Partyt är nu öppet för alla som vill vara med. Tate bjuder även in allmänheten för att själv skapa egna animerade GIF:ar utifrån de fem målningarna på deras hemsida. Att skapa en animerad GIF är nu inte så svårt. Det påminner om hur man gör en animation i ett blädderblock. Man gör först en bild i datorn, sedan gör man en kopia av bilden där man ändrar något i bilden. När man sedan lägger ihop alla bilderna i ett speciellt program så ser det ut som om bilden rör sig. Att det är enkelt att skapa en animerad GIF är också förklaringen till att den blivit så populär på nätet de senaste åren.

Den digitala konstnären Zack Dougherty har till "1840's GIF-Party" utgått från Albert Moores målning *A Garden* från 1869. I målningen ser man en kvinna som står med ryggen mot betraktaren och plockar blommor. Dougherty låter kvinnan på ett elegant sätt snurra runt samtidigt som hon sliter sig loss från duken så att alla lager som färg, kläder och kött rivs av och kvar blir bara hennes skelett. I andra animationer är förändringen inte så drastisk i konstverket. Det kan röra sig om ett par ögon som sluter sig, en gren som rör sig eller en arm som svänger fram och tillbaka. I nästan alla fall är animationen loopad, dvs. den upprepar sig i det oändliga.

Att animera konsthistoriska målningar är vanligt inom internetkulturen. Det finns många exempel på YouTube, Tumblr och Facebook där konsthistorien har fått nytt liv. Animationerna spänner från ren sentimental smörja till verk som för tankarna till Terry Gilliams animationer i TV-serien Monty Python, dvs. litet galna och absurda. Alla sorters bilder och fotografier kan nu animeras och bloggplatsen Tumblr är en guldgruva för den som letar efter animerade GIF:ar. Det är kanske därför inte så underligt att Tumblr tillsammans med auktionshuset Philips arrangerade en nätauktion i oktober 2013 med nya medier. Man auktionerade ut 20 konstverk, bland annat en hemsida, screenshots, YouTube-klipp och en animerad GIF. Det var här som konstnären Nicolas Sassoons animerade GIF *Waterfall 6* såldes för $1800. Vilket får anses som ett hyfsat pris för en animerad GIF.

Att GIF:en fått en renässans och letat sig in på konstmuseum kan förklaras med att det idag finns ett stort intresse för internetkulturen hos samtida konstnärer. Vi lever i en tid då LOLcats, memes och GIF-animationer kan få en enorm spridning i de sociala nätverken. Mycket av dagens konst och kultur består dessutom av att man mixar eller samplar befintligt material. En GIF-animation är ett enkelt sätt att tillföra nya dimensioner och budskap på konsthistoriska bilder, fotografier eller annat kulturarv. Det finns ofta något lekfullt och ironiskt i GIF-animationen. Att förändra den historiska kontexten i bilden genom att lägga till samtida teknik, som mobiltelefoner, kamera, Facebook eller Twitter är därför vanligt.

Den första kontakten som dagens unga har med konsthistorien är kanske en animerad GIF av *Mona Lisa*. Ett möte som kanske leder till att de själva vill göra en animerad GIF av en gammal tavla, och kanske är nästa steg att de vill se originalet och besöka museet där den hänger.

Det slutna rummet

Vad skulle du ta med dig om du hamnade på en öde ö? En kniv, en radio, tändstickor eller kanske en yxa? De flesta skulle nog välja att ta med sig ett föremål som skulle göra det enklare att överleva de första dagarna efter katastrofen. Det finns ett skämt om hur en dansk, en norsk och en svensk hamnar på en öde ö. Efter ett år flyter en flaska i land med en magisk ande som ger dem var sin önskan. Både svensken och dansken önskar att de fick komma hem till sina familjer som de saknar. När det blir norrmannens tur önskar han att hans skandinaviska vänner ska komma tillbaka till ön för att det blir så ensamt utan dem.

Naturligtvis vill skämtet få norrmannen att framstå som korkad, eftersom han inte önskar att få komma hem till sin familj. Å andra sidan fångar norrmannens önskan ett centralt mänskligt behov. När man väl har lyckats med det rent primära att överleva och skaffat mat och tak över huvudet så är det svåraste med att befinna sig på en öde ö att klara av ensamheten och isoleringen. Robinson Crusoe hittar så småningom Fredag som håller honom sällskap, men värre är det för Tom Hanks rollfigur i filmen *Cast Away* (2000), som också blir strandsatt på en öde ö. I brist på mänskligt sällskap ritar han ett ansikte på en volleyboll och kallar bollen för Wilson som han sedan sitter och pratar med.

Människan är ett socialt djur. Ensamheten, isoleringen och utanförskap kan driva oss till galenskap och självmord. Att vara isolerad från andra människor en längre tid är ren tortyr och används mycket riktigt också som ett sätt att bryta ner människor i fångenskap. Det slutna rummet, cellen eller en öde ö, där man är avskild från andra människor och där man befinner sig i en situation utan referenspunkter, där man inte vet om det är natt eller dag, dröm eller verklighet, är en traumatisk, skräckfylld och skadlig upplevelse för den mänskliga själen.

"Jag tror på köttets lust och på själens obotliga ensamhet" skrev Hjalmar Söderberg i pjäsen *Gertrud* (1906). Genom kroppen, vårt kött, kan vi komma varandra nära och dela känslor och våra lustar med andra människor. Vi kan kramas, pussas, ha sex och känna andra människors värme och beröring, men själen är ensam säger Söderberg. Själen är som en tanke, något abstrakt och bedrägligt. Vi kan aldrig riktigt vara säkra på vad våra sinnen eller vad vår själ upplever. 1600-talsfilosofen René Descartes tvivlade så mycket på själen och tankens förmåga att han slutligen tvingades mynta det berömda uttrycket *cogito ergo sum* (jag tänker, alltså finns jag).

Även om vi logiskt kan bevisa att jaget finns så kvarstår tvivlet om resten av världen verkligen existerar utanför jaget. Hur vet jag att den värld som jag upplever inte bara är en dröm, en fantasi som jag själv har skapat och håller vid liv? Inom filosofin kallar man detta tvivel för metafysisk solipsism, eller som Hjalmar Söderberg formulerar det: Hur vet jag att jag inte är obotligt ensam i världen? Denna existentiella fråga har människan brottats med sedan begynnelsen och ligger till grund för mycket av konsten och litteraturen i historien, men det är också ett grundläggande tema i många samtida skräckfilmer, vilket kanske inte är lika bekant.

År 1939 publicerade författaren Dalton Trumbo antikrigsromanen *Johnny Got His Gun*. Romanen handlar om en ung soldat som skadas svårt i kriget av en bomb. I explosionen mister han både armar och ben och alla hans sinnesorgan som ögon, näsa, tunga och öron kommer också till skada. Hans medvetande är fortfarande intakt men han kan inte kommunicera med omvärlden utan ligger som en fånge i sig själv. I låten *One* av hårdrockgruppen Metallica beskrivs den fasansfulla situationen att vara fångad i sig själv som att inte kunna avgöra om livet är en dröm eller en verklighet: "*Darkness imprisoning me / All that I see / Absolute horror / I cannot live / I cannot die / Trapped in myself / Body my holding cell*". Johnny befinner sig i helvetet, i ett mardrömsliknande tillstånd där hans själ plågas av att vara instängd i kroppens fängelse.

Att det är själen som plågas och lider i helvetet är ett modernt synsätt, tidigare i historien har helvetet alltid varit fokuserat på den kroppsliga plågan.

I den grekiska mytologin är straffet evigt och upprepande. Men det rör sig om kroppsliga och fysiska bestraffningar, inte själsliga. Sisyfos tvingas rulla upp en stor sten uppför en kulle, men stenen rullar hela tiden ner och han tvingas börja om. Prometheus straffas genom att sitta fastkedjad på en klippa medan en örn ständigt hackar ut hans lever som hela tiden växer tillbaka och Tantalos plågas av hunger och törst då vattnet och frukterna hela tiden viker sig undan för honom när han ska dricka eller äta. I Dantes *Den gudomliga komedin* från 1300-talet står det fysiska straffet också i centrum: Dante beskriver alla tänkvärda hiskligheter som syndarna får utstå i helvetets nio kretsar. De omättliga tvingas till exempel ligga ner i gyttja under regn och hagel medan kättarna brinner i öppna gravar i all evighet. Någon psykisk tortyr av själen är det inte frågan om utan det är först under 1800-talet som det mänskliga psyket börjar bli plågat.

Freud, Jung och andra psykologer gör under 1800-talet våra själar till vetenskap när drömmarna och det undermedvetna kommer i fokus. I Jean Paul Sartres drama *Inför lyckta dörrar* (1944) möter vi tre personer, en man och två kvinnor som hamnat i helvetet. De blir inackorderade i ett fönsterlöst rum utan speglar. Naturligtvis går de och väntar på straffet, elden, tortyren och den eviga plågan som enligt tradition drabbar människorna i helvetet. Men inget händer och de inser snart att straffet är att de tre måste vara tillsammans i detta slutna rum för evig tid. Hur ska de kunna hålla sams och undvika att plåga varandra eller gå varandra på nerverna? I det slutna rummet tvingas de tre huvudpersonerna att stå ut med varandra utan möjlighet till flykt eller ensamhet för all evighet.

Finns det något mer skrämmande och mardrömslikt än att vara fast i en situation som man rent fysiskt och instinktivt vill fly ifrån, men som man inte kan fly från eftersom det som man vill fly ifrån bara finns i ens tankar? I Larry and Andy Wachowski filmtriologi *Matrix* (1999-2003) behandlas många av de stora existentiella frågorna som metafysisk solipsism, den fria viljan och gnosticismen. I en dystopisk framtid har intelligenta datorer tagit över världen och förslavat människor som används som batterier till maskinerna. Människans hjärna behöver dock stimulans, den klarar inte av att vara avskild från samhället och andra människor för då dör den. Därför har maskinerna skapat en artificiell verklighet, en matrix till vilken alla människors hjärnor är uppkopplade. Eftersom den virtuella verkligheten inte går att skilja från den verkliga, kan inte de förslavade människorna veta att de lever i en illusion. Det finns nu en utvald, Neo, som har den sällsynta förmågan att överlista systemet och genomskåda denna slöja som döljer den verkliga världen – detta som hinduismen brukar kalla Mayas slöja eller det som Platon beskriver i sin grottliknelse som illusionen som döljer den riktiga verkligheten från våra sinnen.

Men hur vet man att det man upplever är en dröm? Om dröm och verklighet inte går att skilja åt, hur ska vi då kunna fly från drömmen? När människorna dör i den virtuella verkligheten i Matrix så dör också deras fysiska kroppar eftersom hjärnan inte kan skilja de två delarna åt. I vanliga fall brukar vi vakna kallsvettiga och med ett ryck när det blir för hemskt eller när vi dör i våra drömmar. Men om man nu inte kan vakna? I Wes Cravens skräckfilm Terror på *Elm Street* (1984) upptäcker några ungdomar att de i sina mardrömmar jagas av Freddy Kreuger, en hemsk man med rödgrön-randig tröja, sliten hatt och rakknivar på sina händer. Det är inte bara det att ungdomarna drömmer samma mardrömmar utan många av dem blir dessutom dödade i drömmen och dör då på riktigt. Ungdomarna inser att de inte kan fly, det går helt enkelt inte att hålla sig vaken för evigt, utan de måste möta och besegra Freddy Kreuger i sina drömmar.

Det slutna rummet är inte bara användbart i existentiell dramatik som Samuel Becketts *I väntan på Godot* eller Sartres *Inför lyckta dörrar* utan det är också en grundpelare i skräckfilmens dramaturgi. Vi möter ofta en grupp personer som befinner sig på en avlägsen plats, stugan ute i skogen, en hiss, rymdskeppet långt från jorden, en grotta eller en expedition till en avlägsen plats. Någoting oväntat händer, en storm blåser upp, en bro rasar, kommunikationen bryts och huvudpersonerna blir isolerade från omvärlden. Denna udda grupp individer visar sig bära på en hel del hemligheter, problem och konflikter som försvårar för dem att lösa och hjälpa varandra när situationen uppkommer. Istället stötts och nöts de ner under några klaustrofobiska och stressfyllda timmar. En efter en dör de och till slut är det bara en person kvar som avskild från alla andra människor börjar tvivla på vad som är verklighet och dröm. Det kan i slutet visa sig att den enda överlevande själv är mördaren eller att han egentligen sitter inspärrad på ett mentalsjukhus. Utan referensramar till den yttre världen kan man inte längre avgöra vad som är fantasi eller verklighet.

Mikael Håfströms skräckfilm *1408* (2007) är ett bra exempel på hur temat med det slutna rummet kan varieras. Mike

Enslin är en skeptisk författare som reser runt i USA och skriver om hemsökta platser. Han tror inte själv på spöken, men när han får en mystisk inbjudan att besöka rum 1408 på Hotel Dolphin kan han inte motstå utmaningen. Enslin bestämmer sig för att tillbringa en natt på rummet som ingen levande har checkat ut från. När dörren stängs visar det sig att mardrömmen börjar. Rum 1408 är inget annat än ett helvete som man inte kan fly ifrån. Mike Enslin tvingas möta sin egen fruktan där bland annat dottern Katies död jagar honom. Rummet försöker driva honom till självmord eftersom det är enda sättet att ta sig därifrån, men genom att sätta eld på rummet lyckas Enslin bryta illusionen och mardrömmen och kan i sista stund blir räddad av brandkåren.

I 1408 finns också en annan vanlig ingrediens i skräckfilmen, den falska räddningen. Den falska räddningen innebär i 1408 att Enslin plötsligt vaknar upp och inser att allt bara har varit en dröm, men det är något som inte riktigt stämmer, och mycket riktigt kastas han snart tillbaka in i rummet. Uppvaknandet var i sig själv bara en dröm. Genom denna lek med dröm och verklighet skapas ännu större osäkerhet hos huvudpersonen och betraktaren kring vad som egentligen händer. Syftet är att sudda ut alla gränslinjer och ta bort referensramarna så att man inte längre vet vad som är verkligt eller fantasi i handlingen.

Skräckförfattaren H.P. Lovecraft tillskrivs det kända citatet *"The oldest and strongest emotion of mankind is fear, and the oldest and strongest kind of fear is fear of the unknown"*. Den första filmen i skräckfilmsserierna är som bekant den mest skrämmande eftersom vi fortfarande inte känner skräcken vid dess rätta namn. Monstret eller mördaren smyger omkring i skuggorna och vår fantasi får fritt spelrum, men när man har sett några av uppföljarna till skräckfilmer som *Alien, Terror på Elm Street* eller *Friday the 13th* så börjar man istället känna en viss sympati för monstret och mördaren. Det är helt enkelt inte lika skrämmande när vi under några filmer lärt känna det okändas karaktär. Som kompensation för att vi inte längre blir skrämda av det okända brukar regissören i uppföljarna istället spela på äckel- och chockkänslan genom ösa på ännu mer blod, dödande och groteska närbilder.

Det finns något terapeutisk i skräckfilmens slutna rum. Huvudpersonen kan inte fly utan tvingas till slut möta sin innersta fruktan och rädsla, det okända som jagar honom genom livet. I slutuppgörelsen står han öga mot öga med sin innersta skräck och har möjlighet att besegra den. På så vis är skräckfilmen mer optimistisk i sin syn på individen än vad man hittar i de slutna rum som finns i t.ex. existentiell och absurd dramatik. I både Becketts *I väntan på Godot* och Sartres *Inför lyckta dörrar* inträffar en stagnation i handlingen. Huvudpersonerna utvecklas inte och kommer inte vidare i sina liv. De vågar aldrig möta sin inre rädsla utan hela handlingen blir en antiklimax. Livet är meningslöst, det spelar ingen roll vad man gör, ingenting kommer ändå att förändras eftersom vi är oförmögna att agera.

Skräckfilmens blodiga och chockerande upplösning innehåller istället en form av katharsis, ett grekiskt ord som betyder rening och som Aristoteles använde för att beskriva den antika tragedin. När kung Oidipus inser att han dödat sin far och gift sig med sin mor så är det en tragisk och chockerande insikt som leder till att hela hans personlighet skakas om. I desperation sticker han ut sina ögon och irrar blint omkring i landet innan han kan försonas med sig själv och dö i frid. Samma omskakande upplevelse tvingas huvudpersonen i skräckfilmer ofta genomgå när de slåss mot demoner, monster och psykotiska seriemördare. Hela deras världsbild rubbas och de blir en helt annan individ när filmen är slut.

Precis som i livet, tar nu inte svårigheterna slut bara för man tror sig ha dödat ett monster. Det finns alltid fler, eller så är de inte riktig döda och kommer tillbaka i uppföljaren, precis som skräcken. Rädslan och skräcken är något vi hela tiden måste kämpa mot och övervinna i våra liv. Och i slutändan är det en kamp som vi måste fullfölja ensamma inne i våra egna slutna rum.

Syntax error som skön konst

Blir du rasande arg och vill kasta ut hela skiten och vråla #&! ord om tekniken när du får en blåskärm på datorn eller när det uppstår ett fel i ditt spel så att du aldrig når slutet på nivån? I vår vardag är vi allt mer beroende av tekniken och fel, errors, frysningar och "404 page not found"-meddelanden kan göra oss helt galna av stress. Det finns dock en grupp människor som älskar när tekniken bryter samman och det är glitchkonstnärer. Och vad är en glitch kan man fråga sig? "En glitch är ett programvaru- eller maskinvarurelaterat problem som oavsiktligt uppträder i elektroniska system", enligt ett populärt digitalt referensverk.

Teknik som fungerar väl märker man inte av. Den flyter på som en ström utan hinder men om strömmen hindras uppstår alla möjliga problem som översvämningar, forsar och virvlar. När det gäller fel på hårdvaran så är det ofta när grafikkortet fallerar som konstiga och ibland estetiska effekter uppstår på skärmen. När det gäller programvara uppstår felen, helt enkelt pga. av brister i programmeringen eller att användaren gör något som programmet inte förväntar sig och resultatet blir ofta ologiska och absurda händelser på skärmen. I värsta fall hänger sig datorn och går ner i en djup självmordsloop.

Det har arrangerats en del rena glitchutställningar de senaste åren. Under *GLITCH festival* på RUA RED i Dublin pågår en utställningen mellan 24 maj och 13 juli och en annan pågående utställning är *Glitch Moment/ums* på Furtherfield Gallery i London mellan 8 juni och 28 juli. Ett glitchkonstverk kan ta sig många olika uttryck och hittas på alla möjliga plattformar från gamla spelkonsoler till Kindle läsplattor, för där det finns teknik kan som bekant allt gå fel. Det finns nu två sätt att skapa glitchkonst, det ena är helt enkelt att invänta att naturliga fel som finns inbyggda i systemen dyker upp och det andra är att provocera fram felen genom att manipulera tekniken på olika sätt.

När konstnärsgruppen JODI skapade *Max Payne Cheats Only*, 2005, använde de sig av fusk och olika former av modifikationer för att förändra spelet *Max Payne* så att det började bete sig konstigt på olika sätt. Det kunde röra sig om att personer i spelen gick in i väggar och fastnade eller hamnade i loopar och upprepade samma rörelsemönster i det oändliga. Händelserna filmades och dokumenterades och blev konstverket. Att använda sig av dataspel för att skapa glitchkonst är ganska vanligt men det finns även många andra sätt. Glitchkonstnären Max Capicity använder sig av äldre tekniker som datorer eller konsoler från 80-talet som han manipulerar för att få fram olika estetiska effekter på skärmen. Ett annat sätt att skapa glitchkonst är att konvertera mediafiler mellan olika format så att det blir avsiktliga fel i konverteringen. Man kan t.ex. öppna en bild i programmet anteckningar och ändra i filens kod för att sedan spara den och öppna den i ett bildbehandlingsprogram. Animerade giffar, videofilmer eller annat rörligt medium är också tacksamt material för glitchkonstnärer att arbeta med.

De effekter som glitchkonstnärerna eftersträvar påminner på många sätt om ett virus som förstör och korrupterar informationen på din hårddisk. Både glitchen och viruset blottar systemens svagheter och ger en inblick bakom den perfekta ytan. Bakom bilden på din skärm finns en kod, nollor och ettor samt avancerad teknik. Man kan jämföra glitchen med filosofiska och religiösa inriktningar som gnosticismen eller hinduismen där man tror att det bakom verkligheten som vi upplever finns en högre verklighet, den sanna verkligheten som man bara kan uppleva genom olika andliga övningar och insikter.

På samma sätt är vår digitala verklighet bara ett gränssnitt för att vi lättare ska kunna navigera och visuellt förstå den digitala informationen. Den verkliga digitala verkligheten består som bekant bara av nollor och ettor. Det är precis som när Neo i filmen *Matrix* ser korridoren han går i som en grön struktur byggd av nollor och ettor. Kanske kommer du även ihåg en scen i Matrix där det förekommer en glitch? Det är när Neo ser samma katt passera förbi en dörr två gånger i rad. Déjà vu säger Neo, men det är istället ett tecken på att någon manipulerat systemet och i den sprickan som uppstått blottas verkligheten bakom. Den perfekta illusionen bryts när systemen manipuleras och vi blir medvetna om att det finns något bakom det vi ser. Det är inte speciellt förvånande att det är just ett datavirus man använder i Matrix för att besegra den virtuella värld som håller mänskligheten som slavar.

Glitchkonsten har även en estetisk dimension för sällan har väl fel varit så vackra. Stora suddiga pixlar, ränder och andra grafiska störningar i olika färger bildar abstrakta mönster och bilder på skärmen. Själva störningen, det tillfälliga kaoset i glitchen, kan upplevas som en befrielse från dagens digitala bildvärld. Precis som när konstnärer använder sig av pixelgrafik, med stora synliga pixlar från datorgrafikens barndom, så kan man se glitchkonsten som en motreaktion mot dagens grafik som eftersträvar en perfekt hyperrealism. För finns det något tråkigare än den perfekta bilden? Den blir av någon anledning väldigt platt, ytlig, död och stel.

Inom konsten har man länge vetat att en liten störning ökar det estetiska uttrycket. Det gyllene snittet sägs vara det gudomliga måttet men Gud har inget exakt nummer. Det är inte en 1/2 eller en 1/4 av förhållandet i bilden som det gyllene snittet visar utan talet är närmare 2/3. Gyllene snittet är i grunden ett irrationellt tal, dvs. ett tal som i decimalform har en oändlig följd av decimaler (1/3 är t.ex. 0,333333...). Det är lite märkligt att det som vi anser vara mest estetiskt i en bild inte är det som kan delas i mitten utan i tredjedelar. Kanske är det den lilla störningen som gör bilden levande och intressant? Att det ibland går åt helvete och blir misstag i den digitala världen kan i vissa fall resultera i nya intressantare konstverk. Så nästa gång din dator kraschar se det som en performance eller ett konstverk, så känns det kanske lite bättre.

Tåg i konsten – fart och rök

Några framrusande X2000 ser man inte så mycket av i dagens konst. Det är snarare graffiti man kommer att tänka på när man talar om tåg och konst, än tåg som motiv i konsten. I början av 1800-talet började de första ångloken så sakta tuffa fram längs historiens räls. De första loken hade futuristiska namn som ingenjören Robert Stephensons *The Rocket* från 1829, men trots det fantasieggande namnet var topphastighet bara som en EU-moppe, runt 45 km/h. I slutet av 1800-talet hade järnvägsnätet snabbt brett ut sina förgreningar över Europas storstäder. Tågen gav upphov till ny arkitektur som stationsbyggnader, nya tekniker och en helt ny rörlighet för människorna i Europa.

Naturligtvis kastade sig samtidens konstnärer över denna nya motivkrets. Den franske impressionisten Claude Monet är inte bara känd för sina näckrosor utan även för sina tåg, ja, eller mer exakt röken från tågen. I hans målningar från Paris järnvägsstationer som *Gare Saint Lazare* från 1877 ser man ångloken som pustande och stånkande spyr ut sina bolmande rökplymer som fyller hela järnvägshallen. Trots sin konstruktion av järn och glas för att skapa en luftig och ljus interiör så kan det inte ha varit speciellt hälsosamt att vistas längre stunder på Paris järnvägsstationer där ångloken stod och spydde ut sin kolrök. Trots det lockades impressionisterna som Manet och Monet till järnvägsstationerna för att måla av tågen, röken och ljuset som strilade in genom fönstren.

Den brittiske konstnären J.M.W. Turner gjorde 1844 målningen *Rain, Steam and Speed – The Great Western Railway* som visar hur ett tåg kommer framrusande i rök och regn över en bro mot betraktaren. Samma motiv skulle ett halvt sekel senare få människor att kasta sig ur sina stolar. Händelsen lär ha inträffat när bröderna Lumière 1896 visade en av världens första filmer för en publik. Det var en svartvit stumfilm på 50 sekunder som visade hur ett tåg anländer till stationen och åker mot betraktaren. Det framrusande tåget var både skrämmande och spännande för samtidens människor.

I och med att tekniken utvecklades blev tågen allt snabbare och de framrusande maskinerna lockade förstås futuristerna som älskade allt som hade med fart, teknik och framtiden att göra.

"Vi förklarar att världens härlighet berikats med en ny skönhet: fartens skönhet. En racerbil med motorhuven prydd med stora tuber som liknar ormar med explosiv andedräkt... en rytande automobil som verkar driven av en kulspruta är vackrare än Nike från Samothrake", skriver poeten Filippo Tommaso Marinetti i det futuristiska manifestet 1909. Och mycket riktigt så hittar man en hel del bilar, flygplan, fartyg och naturligtvis tåg i futuristernas motivkretsar som Ivo Pannaggis *Speeding Train* från 1922 eller *States of Mind I: The Farewells* från 1911 av Umberto Boccioni.

Den svenske konstnären Gustav Adrian Nilsson (GAN) kommer under sitt besök i Berlin på 1910-talet bland annat i kontakt med futurismen och hans målning *Snälltåg* från 1916 är i motiv och uttryck futuristiskt inspirerad. Som en rymdraket rusar tåget fram i natten och ljusen i fönstren från tågvagnarna blixtrar i mörkret. I och med futuristerna når också tåget som motiv sin höjdpunkt i konsthistorien. Visserligen finns det många andra konstnärer som målat tåg efter dem, precis som det finns konstnärer som fortfarande målar barn eller kor, men tåget har aldrig varit lika aktuellt och intressant som motiv som under perioden 1850-1920. Även inom de andra av 1900-talets stora ismer dyker tåg upp, som i Edvard Munchs målning *Tågrök* från 1900. I stora expressiva drag tuffar ett tåg med vit rök fram bakom några höga tallar i Munchs målning och i bakgrunden utbreder sig den stilla fjorden.

I USA hade tåget en annan position inom konsten. Om tåget i Europa stod för det moderna, storstadsmänniskan och framtiden, så var tåget under 1800-talet i USA mer en symbol för äventyret och nybyggarandan. *Målningen The Lackawanna Valley* av George Inness från 1855 är ett exempel på hur ett tåg skildras när det slingrar sig fram i mellangrunden av det vidsträckta amerikanska landskapet. Att åka tåg i Amerika i mitten av 1800-talet kunde vara riskfyllt då både indianer och tågrånare kunde dyka upp längs vägen. Vilket förklarar skillnaden i synen på tåget i konsten mellan Europa och Amerika. I Europa var tåget en bild av det urbana kommunikationssamhället medan det i Amerika var en maskin som man kunde använda för att kolonisera vilda västern.

Det var inte bara det exteriöra som intresserade konstnärerna utan även tågens interiör, och då var det framför allt tågkupén som kom i fokus. I tågkupén kunde man nämligen studera människor ur olika samhällsklasser. Den franske författaren Guy de Maupassant skrev 1880 novellen *Fettpärlan* som visserligen utspelar sig i en hästvagn där olika samhällsklasser tvingas tränga ihop sig när de befinner sig i flykt undan kriget. Men själva idén att skildra ett miniatyrsamhälle i samma vagn om det så är en häst eller ett lok som drar vagnen visade sig vara effektivt. Inom konsten kan man t.ex. plocka fram den engelske konstnären Abraham Solomon som 1855 gjorde två interiörer från tåg där han dels skildrar människor från första och andra klass.

Även om mycket har förändrats i samhället sedan 1855 så finns fortfarande denna klassindelning kvar i många av dagens tågvagnar som en ekonomisk och social spegling av vårt samhälle, men så många konstverk från första och andra klass lär man inte hitta bland dagens konstnärer.

Geten i konsten – en riktig syndabock

Det är inte roligt att vara get i konsten. Det blev snett redan från början när man i den judiska traditionen började utse en syndabock. Ursprungligen var syndabocken ett offerdjur som skulle bära människornas synd och rena dem, men av någon anledning blev det geten som ensam fick bära hela skuldbördan. Den engelske målaren William Holman Hunt gjorde i mitten av 1800-talet målningen *The Scapegoat* som är ett ganska typiskt motiv över den stackars geten i konsten. Vid Döda havets strand står en ensam get, undergiven, nästan ängsligt ihopkrupen. Inte undra på det förresten, övergiven och utstött som den är på denna karga och ogästvänliga plats med djurskelett i bakgrunden. Ett rött band runt hornen representerar getens synd, som en varningslampa för att visa att den är fördömd och ska undvikas av andra människor.

Inte blev ryktet bättre när den grekiska fruktbarhetsguden Pan, den romerska Faunus, med sina följeslagare Satyrerna, alla med bockfötter, förvandlades av den kristna kyrkan till en symbol för Satan, den bockfotade djävulen eller Fan själv. När Francisco de Goya 1798 målar sin häxsabbat så står Satan i centrum naturligtvis gestaltad av en stor get med horn. Geten föll alltså snabbt på popularitetsskalan från en ganska harmlös syndabock till en bild av Djävulen. Kan man komma så mycket längre ner på popularitetsskalan?

Några herdeidyller och romantiska bondgårdsskildringar med en och annan get försökte förstås förbättra getens rykte. Ta t.ex. en engelsk 1800-talsmålare som Edgar Hunt, som målade skolplanschliknande, ganska stela bilder, med bondgårdsmotiv med katter, hundar, åsnor och en och annan get som rekvisita. Men till skillnad från de oskuldsfulla lammen i konsten var geten fortfarande en särling. Det rörde sig antingen om en vild bergsget eller om en get fjättrad vid en påle, för getens rykte som argsint, vresig och lite ondskefull levde fortfarande kvar.

Lammet har som sagt fått den motsatta rollen i konsthistorien. Det har alltid fått stå för det oskyldiga, puttenuttiga och varit nära förknippat med den goda sidan *"Titta, där är han: Guds lamm, som tar bort världens synd"* som det står om Jesus i Johannesevangeliet kapitel 1, vers 29. I altarstycket från Gent målat i början av 1400-talet av Jan van Eyck framgår lammets gullebarnsposition i tydlig dager. Mitt i blickfånget på tavlan, stående på ett upphöjt altare står lammet medan människorna bugar sig i vördnad runt omkring. En get har aldrig fått samma respekt i något konstverk.

Man kan tycka att modernismen med sina nya idéer och sin religiöst befriade konst skulle ge geten ett bättre rykte till eftervärlden. Den mest berömda geten från modernismen är såklart Robert Rauschenbergs get med namnet *Monogram* från 1959. Stackars get som barn brukar säga när de ser geten med det otympliga bildäcket runt magen. Att geten idag även sitter under en huva av glas för att skydda den från barn som av empati vill klappa den förstärker förstås det utstötta och isolerade intrycket. Men är det inte den gamla syndabocken som dyker upp i konsthistorien igen?

Istället för det röda bandet runt hornen har geten fått färg i ansiktet och bildäcket, är det inte tyngden och skulden från våra moderna synder? Industrialismens utnyttjande av naturen, massproduktion i slit-och-släng samhället, miljögifter och miljöförstöring. Ja, nog är det synd om geten alltid som genom konsthistorien fått gå som en stereotyp för synden och ondskan som människan skapat.

Egentligen är det väl bara i den nordiska mytologin som geten fått någon form av upprättelse. I den berömda målningen *Tors strid med jättarna* från 1872 av Mårten Eskil Winge har geten fått en av huvudrollerna i denna rafflande actionmålning. De får dra den gyllene vagnen med en av gudavärldens främsta hjältar – Tor jättedräparen. Orädda rusar de två bockarna mot den ondskefulle jätten som fallit i förgrunden. Vilket mod, vilken kraft de visar! Det verkar som Tanngnjost och Tanngrisner, som Tors bockar heter, ensamma får dra det tunga lasset för att förbättra den solkade bilden av geten i konsthistorien.

Från penselhår till pixelporr – en essä om pornografi i konsten

Hur många unga pojkar slet inte ut sin joystick på 80-talet i dunkla pojkrum framför en flimrande TV-skärm? Det var inte bara plattformsspel och shoot-em-up spel som visades på skärmarna utan även mer kittlande titlar som *Samantha Fox Strip Poker* och *Sex Game*. Den senare var helt enkelt en tävling i att ha sex med kvinnor i olika positioner. Genom att jucka joysticken fram och tillbaka kunde man uppnå orgasm och få poäng, eller som det passande heter på engelska "score". Ja, jag vet att bildspråket blir väldigt dubbeltydigt i det här sammanhanget. Även med tidens mått mätt var grafiken i spel som *Sex Games* bedrövlig och bestod av karikatyrliknande personer med kantiga kroppar. För dagens unga kan det vara svårt att förstå att en svartvit grovt pixlad bild av en halvnaken Samantha Fox kunde vara så spännande när all världens sexuella inriktningar idag finns tillgänglig på nätet bara en mussmekning bort.

Att sex och pornografi har följt den tekniska utvecklingen hand i hand är inte speciellt förvånande. Fotografi, film, video, dataspel och Internet har från första början stått i pornografins tjänst. Men innan dessa nya massmedier gjorde det möjligt för vilken amatör som helst att sprida sina sängkammaräventyr var man hänvisade till mer traditionella uttryck som papper och penna. Det säger sig självt att det krävdes en viss konstnärlig talang för att det skulle bli intressant att titta på och därför har en stor del av den visuella pornografin före 1900-talet skapats av konstnärer.

-All art is erotic.-Gustav Klimt

Det verkar att så fort människan lärde sig skapa bilder började man också avbilda sexualitet. Man målade fallossymboler på grottväggarna och skulpterade för 24 000 år sedan fram frodiga nakna kvinnor som Venus från Willendorf. Sedan dess har pornografin alltid funnits som ett parallellt spår inom konsthistorien. Att visa nakna människor har sällan varit något problem inom konsten och det vimlar av dem, ja majoriteten är förstås kvinnor som är målade av manliga konstnärer. För att undvika moralister från t.ex. kyrkan har man alltid kunnat kalla de nakna modellerna för gudar och gudinnor och anspelat på olika mytologiska berättelser där symboler och metaforer fått gestalta det onämnbara.

Den franska rokokomålaren François Boucher tog sig an den antika myten om guden Zeus som iklädd svanskepnad förförde drottningen Leda. I Bouchers version ser vi Leda ligga på en bädd med klänningen uppdragen och blottat sköte, medan svanen nyfiket sticker fram sin långa hals mellan hennes ben. Speciellt livlig fantasi behövs inte för att förstå vad svanens huvud och hals ska symbolisera. Ett annat populärt grekiskt mytologiskt motiv är den om Danaë som blev instängd av sin far i ett torn där hon blir befruktad av Zeus genom ett guldregn. Den italienska konstnären Artemisia Gentileschi är en av många som målat motivet genom historien. Hennes målning från 1612 visar en naken Danaë på en bädd medan ett "guldregn" faller ner i hennes sköte. I det här fallet finns bara mannen representerad som ett "guldregn", men det räckte förmodligen för att sätta igång fantasin hos betraktaren.

1778 gjord den svenske konstnären Johan Tobias Sergel en staty föreställande en kentaur som fångar en backant. I full fart kommer kentauren upp bredvid den nakna kvinnan och greppar tag i hennes rumpa för att lyfta upp henne. Det är inte bara det att han tar ett riktigt skamgrepp på hennes nakna ända utan låter dessutom två av sina fingrar sjunka oroväckande djupt in mellan hennes skinkor. Men så mycket mer vågad blir inte den officiella konsthistorien.

Några direkta samlagsskildringar brukar man inte hitta i konsthistoriska sammanställningar. Vad man visade offentligt och vad man såg på privat var, liksom idag, förstås väldigt olika. Konstnärer har under historiens gång bidragit till att sprida en hel del pornografi i form av teckningar, illustrationer, akvareller och grafiska tryck. Många av bilderna är anonyma eller gjorda under pseudonym, men det finns också en hel del bevarat från mer namnkunniga konstnärer. Under 1700–1800-talet hamnade många av bilderna i den erotiska litteraturen som fick ett uppsving. Den franska konstnären Paul Avril gjorde t.ex. detaljerade samlagsbilder till antologin *De Figuris Veneris* (1824) som innehöll erotiska antika grekiska och romerska texter. Avril illustrerade även John Clelands populära erotiska roman *Fanny Hill* från 1748. I den här typen av konst var det inte längre frågan om några omskrivningar med svanar som stack in sina huvuden mellan kvinnornas ben.

-I do not deny that I have made drawings and watercolors of an erotic nature. But they are always works of art. Are there no artists who have done erotic pictures? -Egon Schiele

De här bilderna hittade man inte på väggarna i salongen där man tog emot sina besökare utan snarare i herrum, sängkammaren och i andra privata sammanhang. Ett bra exempel på denna dubbelmoral är Francisco Goyas målningar *Den nakna Maja*, 1800, och *Den påklädda Maja*, 1803. Varför Goya målade exakt samma motiv, där den ena kvinnan är naken och den andra är påklädd, kan kanske förklaras av att katolska kyrkan inte var förtjust av att människor avbildades nakna, om det inte var ett religiöst motiverat motiv. Den nakna Maja kunde alltså inte visas för vem som helst, utan den hängde förmodligen bakom ett draperi som bara var för privat beskådan, medan den påklädda versionen var mer officiell så vem som helst kunde betrakta den utan att ta anstöt.

Det kvinnliga könet har i konsthistorien till stor del varit ett objekt för mannens blickar och lustar. När den franska konstnären Gustave Courbet tryckte upp ett kvinnligt kön i betraktarens ansikte 1866 hjälpte det inte att tavlan hade den poetiska, ja rent sagt vördnadsfulla titeln, *Världens ursprung*. Det var fortfarande ingen tavla som kunde visas offentligt, utan liksom många andra liknande motiv, var det frågan om ett beställningsverk av en privat samlare av erotisk konst. I mitten av 1960-talet målade John-E Franzén *Hells Angels of California*. I förgrunden av målningen ligger en naken kvinna på marken med skötet rakt i betraktarens blickfång. Precis som Courbets målning är det kvinnliga könet ett objekt för mannens blickar. I bakgrunden ser man motorcykelgänget Hells Angels medlemmar och det känns som att kvinnan blivit kasserad. Hon räknas inte i det här sammanhanget utan är bara ett nöje för männen.

Bilden av det kvinnliga könet förändrades dock under 1960-talet. Kvinnofrigörelsen och feministerna får ett starkare fotfäste i samhället och även inom konsten. Kvinnorna börjar återerövra sitt eget kön inte minst inom performance-konsten. I den amerikanska konstnären Carolee Schneemanns performance *Interior Scroll* från 1975 klär hon av sig naken och poserar i olika krokiställningar innan hon ur sin vagina drar fram en textremsa med ett feministiskt tal. Man kan se det som om det kvinnliga könet i Schneemanns verk själv kommer till tals och inte bara blir passivt avbildat av manliga konstnärer. Ett annat viktigt konstverk när det gäller representationen av det kvinnliga könet ur ett kvinnligt perspektiv är Niki de Saint Phalles installation *Hon – en katedral* på Moderna Museet i Stockholm från 1966. *Hon* bestod av en stor skulptur av en havande kvinna, där besökarna genom en ingång placerad mellan hennes ben kunde gå in i magen där utställningen fortsatte.

-When people read erotic symbols into my painting, they're really thinking about their own affairs. -Georgia O'Keeffe

Sedan 60-talet har gränserna mellan det privata och den offentliga konsten raserats på många plan. Att skildra samlagsscener kan visserligen fortfarande uppfattas som stötande av vissa personer, men det är inget som längre hindrar att konstverken visas offentligt. Det mesta är idag tillåtet och kan visas på gallerier och konsthallar. Den amerikanska konstnären Jeff Koons fotoserie *Made in heaven*, 1990-91, där han hade samlag och oralsex med den kända porrstjärnan Cicciolina är ett exempel. Den japanska fotografen Nobuyoshi Araki har blivit känd för sina bondagebilder. Konstnären Pål Hollender gjorde dokumentären *Buy Bye Beauty*, 2001, om prostitutionen i Riga där han i slutet av filmen själv hade sex med de prostituerade som han intervjuade. I Annika von Hausswolffs fotografi *Alone in the Brown Room*, 1999, ser man en man som sitter på en stol med byxorna nerdragna och onanerar. Det är bara några exempel på samtida konstbilder som utan sin konstkontext skulle kunna beskrivas som pornografiska. Med konstkontext menas nu att bilderna inte i första hand är framställda för att underhålla och väcka lust hos betraktaren utan snarare vill konstnären diskutera och belysa frågor kring t.ex. sexualitet, kön och identitet.

Idag hittar man som bekant alla former av pornografi ocensurerat på Internet. Kanske har det gjort oss mätta och uttråkade när allt finns tillgängligt som på ett gigantisk pornografiskt smörgåsbord. Det finns inte längre så mycket utrymme att själv fantisera kring innehållet när allt visas i HD och närbilder ur alla möjliga kameravinklar. Några symboliska svanhuvud ser man inte heller längre i konsten.

Det verkar dock som att något håller på att hända. Den erotiska litteraturen har t.ex. fått ett stort uppsving. En förklaring kan vara att det är mer spännande att läsa en erotisk eller pornografisk text som lämnar en del öppningar för egna tolkningar istället för filmer och bilder som visar allt. Det kan också vara en förklaring till att det inom konsten pågår en retrotrend som går tillbaka till pojkrummens gryniga och pixlade bildestetik från 80-talet. I Japan fanns det tidigare en lag som sa att det var förbjudet att visa könshår och könsorgan och därför måste dessa partier göras dimmiga genom att t.ex. lägga på en mosaik av stora pixlar. I verket *Unpixelated*, 2009, har konstnären Anders Weberg arbetat vidare med detta koncept. Han har använt sig av en programvara som återställer det område som har gjorts pixlat i japanska porrfilmer. Sedan har han istället gjort resten av bilden pixlad så det blir en form av negativ bild där den del som var dold blir synlig medan de synliga delarna blir dolda.

Vuc Cosic, som räknas som en av pionjärerna inom net.art, har också gjort ett verk som bygger på porrfilm. Det är den kända filmen *Deep Throat* (1972) med Linda Lovelace i huvudrollen som han har gjort om i en ASCII-version. ASCII-konst uppstod som ett resultat av att skrivare i datorns barndom inte klarade av att skriva ut bilder. Istället skapade man en bildgrafik som bestod av vanliga tecken som gjorde det möjligt att även bifoga textbilder i e-post. På så sätt påminner ASCII-konst om traditionen inom litteraturen med figurdikter. Cosic översätter alltså filmens realistiska formspråk till en äldre form av datorgrafik. Man kan jämföra det med hur kubisterna i början av 1900-talet bröt ner verkligheten i geometriska former. Det var inte så att Picasso inte kunde måla realistisk, utan han ville istället få betraktaren att se något annat i bilden. På samma sätt jobbar Cosic med *Deep Throat*. I en porrfilm uppbyggd enbart med tecken hamnar snarare formen och berättarstrukturen i fokus än det pornografiska innehållet.

Text-TV och Teletext är också en kvarleva från en tid då man inte kunde publicera bilder utan fick göra textbilder. Trots den tekniska utvecklingen används Text-TV fortfarande på många håll. Vid jultid brukar man på svensk Text-TV kunna se en kantig text där det står God Jul och ett rött stearinljus uppbyggt av fyrkantiga block. Det finns idag en del konstnärer som intresserar sig för den här förlegade tekniken. Konstnären Rachel Meyers är en. Tillsamman med artisten Goto80 gör de performance- och videoverk där de blandar 80-talets datamusik med bilder från samma period.

Kabel-TVns Text-TV-sidor har nu ofta fungerat som en viktig reklamkanal för sexannonser för bland annat dating och telesex. Reklamen innehåller ofta bilder av nakna kvinnor i skarpa färger som är uppbyggd av stora pixlar. Bilderna blir skissartade, där konturerna är viktiga att lyfta fram för att accentuera kroppsformen, som rumpa och bröst, medan fantasin får fylla i detaljerna. Den holländska konstnären Maarten van der Ploeg har i verket *Teletext Babez video*, 2001, skapat en musikvideo som består av sidor från den tyska kabel-TVns textsidor med sexannonser. Ploegs verk inspirerade senare konstnärsgruppen Übermorgen när de gjorde verket *Sounds of eBay*, 2008. Sounds of eBay är ett konstverk som omvandlar transaktionerna från ditt eBaykonto till musik. Till verket finns en hemsida där Übermorgen har hämtat grafiken från sexannonser från österrikiska Text-TV sidor. eBays gigantiska köp- och säljmarknad är på ett plan lika förförisk och lockande som Text-TV-porren.

Det finns konstnärer som gått längre i att upplösa de pornografiska bilderna i ännu större pixlar. I serien *Pixel Pornography*, 2002-2004, har den amerikanska konstnären Adam Connelly målat tavlor där förlagan har varit pornografiska bilder från Internet. Upplösningen i bilderna är mycket sämre än i teletextporren. På avstånd när pixlarna smälter in i varandra kan man ana motivet, en naken kvinna, men ju närmare man kommer desto mer blir det en upplevelse av fyrkantiga färgfält. Ett annat exempel är den japanska konstnären Shinji Murakami som i serien *Nipples*, 2012, har använt sig av bilder av kända personer som visar sina bröst. I halvleksvilan under Superbowl 2004 visade artisten Janet Jackson sitt bröst vilket skapade stor uppmärksamhet. I Murakims verk är bröstet avbildat med 8-bitars pixelgrafik, vilket gör att det enda man ser är stora fyrkanter i olika färger. På samma sätt har Murakim använt sig av en känd bild med Paris Hilton där hon solar topless. Hiltons bröst blir i målningen bara en samling av fyrkantiga färgfält i olika hudtoner.

-Fantasy love is much better than reality love. Never doing it is very exciting. The most exciting attractions are between two opposites that never meet. -Andy Warhol

När man går så långt att bilderna bara blir stora pixlar och man inte längre ser vad det föreställer kan man tala om en dekonstruktion av bilden. Man bryter ner bilden i dess beståndsdelar för att hitta nya innebörder. Konst idag består inte av penselstråk utan av nollor och ettor, som på skärmen översätts till små punkter som kallas för pixlar, som är bildens minsta beståndsdel. Ju mindre och fler pixlar desto mer realistiska bilder och tvärtom. Vi verkar idag ha kommit till en vändpunkt där de digitala bilderna av sex och pornografi har blivit så hyperrealistiska att det bara blir yta och knappt har något innehåll alls. Som en motreaktion väljer flera konstnärer att använda sig av äldre digitala tekniker som ASCII-konst, teletext och pixelgrafik. När motiven blir mindre realistiska blir vi som betraktare tvungna att fylla i luckorna med vår fantasi. Så på sätt och vis kan man säga att pixelporren är vår tids symboliska svanar och guldregn.

Skräcken, skräcken! – en essä om skräckfilm och konst

-The oldest and strongest emotion of mankind is fear, and the oldest and strongest kind of fear is fear of the unknown.
-H.P. Lovecraft, Supernatural Horror in Literature

Skräcken verkar finnas nedärvd ända ner på cellnivå i den mänskliga kroppen. 2012 års Nobelpris i kemi gick till Robert J. Lefkowitz och Brian K. Kobilka för deras kartläggning av G-proteinreceptorer som aktiverar cellen och sätter dem i beredskap när t.ex. en okänd fara dyker upp. Det är kanske inte så konstigt att skräcken, bredvid livet, döden och kärleken tillhör konsthistoriens återkommande teman. Vi kan hitta skräckfyllda helvetesskildringar från 1600-talet av Pieter Bruegel och Hieronymus Bosch där de syndfulla människorna torteras i den eviga elden. Tyvärr var helvetet inte förbehållet bara de döda. Utan för många människor under historiens gång har även jordelivet upplevts som ett helvete med hunger, sjukdomar och krig. I början av 1800-talet skildrade Francisco de Goya i en serie etsningar med titeln *Krigets fasor* civilbefolkningens skräckupplevelser under det blodiga Spanska befrielsekriget.

Under 1800-talet började vi få ett annat förhållande till skräcken. Det skrämmande var inte längre bara något hemskt och verkligt. Utan det kunde även uppfattas som spännande och fascinerande. I Bram Stokers roman *Dracula* (1897) blandas erotik med den skrämmande blodtörstiga vampyren. I Mary Shelleys bok *Frankenstein* (1818) är det fascinationen inför naturvetenskapens framsteg som blandas med det skrämmande monstret. När Henry Fuseli 1791 målar tavlan *Mardrömmen* är det ett nytt sätt att se på skräcken som presenteras. På tavlan ser man en ung kvinna som ligger avsvimmad på en bädd iklädd endast ett tunt vitt nattlinne medan en grotesk figur sitter på hennes mage och en vit spökhäst sticker ut sitt huvud genom draperiet. Till skillnad från helvetesskildringarna av Bruegel eller Goyas krigsskildringar är mardrömmen bara en fantasi. Det är ingen bild av en verklig skräckupplevelse vare sig i detta livet eller i livet efter, vilket är något nytt inom konsten.

I början av 1900-talet fick filmen sitt stora genombrott och i Tyskland skapades under 20-talet ett antal idag klassiska och banbrytande skräckfilmer. *Nosferatu* (1922) som var en tidig filmatisering av Draculamyten, *The Cabinet of Dr. Caligari* (1920) som handlar om galenskap och sömngångare och *Golem* (1920) om en varelse av lera som vandrade omkring på Prags gator. Det som gör att filmerna fortfarande är intressanta är den banbrytande expressionistiska filmstilen. Under den här tiden fanns det ett starkt samarbete mellan filmskapare och konstnärer vilket ledde till att scenografi men också många av scenerna kan upplevas som måleriska. Den klassiska scenen ur filmen *Nosferatu* när vampyren sträcker sin skugga nedför trappan är som hämtad ur konsthistorien. Det påminner om en blandning av 1600-talsmålarens Caravaggios verk *The Calling of Saint Matthew* med sitt clairobscur-måleri, d.v.s. kontrasten mellan ljus och skugga, och inspirationer från 1800-talets romantiska mån- och ruinlandskap.

En konstnär som har inspirerats av skräckfilmen från 20-talet är den tyske konstnären John Bock. Filmen *Im Schatten der Made* (2010) är en parafras på Robert Weines film *The Cabinet of Dr. Caligari*. Filmen är ungefär lika lång som originalet, 74 min, den är svartvit och stum, men med musik. Scenografin är tecknad och expressiv med de karaktäristiskt sneda vinklarna och skeva perspektiv som finns i originalet. Filmen handlar om en galen vetenskapsman som skapar en konstgjord människa, liknande Frankenstein eller Golem, som blir förälskad i en kvinna. Bock har även intresserat sig för skräckfilm i andra verk. Jag minns speciellt ett besök i Ghent under utställningen *TRACK 2012* där jag såg en installation av Bock i de övergivna källarlokalerna vid det tekniska universitetet. I verket *Die Un-Zone* fanns ett rum med en styckad kropp inplastad på ett bord. På väggen rullade samtidigt en video som visar hur en person skär och gräver i kroppen. Hela konceptet kändes som hämtat ur en skräck- eller splatterfilm. Jag skulle i alla fall inte vilja bli inlåst i den källaren ensam under natten.

-You son of a bitch! You moved the cemetery, but you left the bodies, didn't you? You son of a bitch, you left the bodies and you only moved the headstones! You-only-moved-the-headstones! Lies! Lies! -Poltergeist (1982)

Att skräckfilmen inte haft något större inflytande på konsten fram till våra dagar kan bero på att den aldrig haft någon högre konstnärlig status. Alfred Hitchcock är väl ett undantag. Hans psykologiska thriller skapade en konstnärlig inriktning på genren vilket också lett till att hans filmer haft inflytande på konsten. 1960 gjorde Hitchcock filmen *Psycho* som är en av hans mest kända. Filmen är nästan två timmar lång och med dagens mått mätt känns tempot långsamt – men konstnären Douglas Gordon tar steget fullt ut. I verket *24 Hour Psycho* från 1993 har Gordon skapat en installation där han saktat ner filmen så att den sträcker sig över ett dygn. En skräckfilm i ultraslowmotion blir inte speciellt otäck. Hela idén att bygga upp en spänning och arbeta med olika tempon och plötsliga överraskelsemoment fallerar om det blir som att se ett bildspel istället för en film.

Fotografen Cindy Sherman gillar också skräckfilm. Så pass mycket att hon 1997 gjorde ett mindre lyckat försök i genren med skräckkomedin *Office Killer*, som få känner till. Bättre gick det med fotoserien *Untitled Film Stills*, 1977-1980, som består av 69 svartvita fotografier där Sherman poserar i olika miljöer med filmiska referenser till italiensk neorealism och amerikansk film noir från 40- till 60-talen. I vissa fotografier ser man tydliga referenser till bland annat Hitchcocks bildvärld. Även i andra fotoserier av Sherman kan man hitta referenser till skräckfilmsgenren.

Under 80-talet steg en ohelig treenighet fram ur ungdomsrummens mörker och skapade en rejäl moralpanik inom vuxenvärlden. Det var skräckfilmen, dataspelen och hårdrocken som anklagades för att de fördärvade barn och unga. Dessa tre farliga företeelser skulle med tiden växa sig starka och är idag stora accepterade populärkulturer. De som föddes på 60- och 70-talet och som blev konstnärer tog i många fall med sig dessa uttryck i sina konstnärskap. Därför finns det idag en hel del exempel på konstnärer som hämtar inspiration från skräckfilm, dataspel och hårdrock. Visuellt finns det många likheter mellan dessa tre uttryck eftersom de i sin tur har hämtat inspiration från äldre tiders konst och kultur som skräckromantik, tysk skräckfilm, film noir och den gotiska romanen.

Två svenska exempel på hur samtidskonst, dataspel och skräckfilm möts hittar man hos konstnärerna Palle Torsson och John Thurfjell. Palle Torsson gjorde 2003 serien *Evil Interiors* där han med hjälp av dataspelet *Unreal Tournament* byggde upp kända interiör från skräckfilmer som *The Shining, A Clockwork Orange* och *Psycho*. I många dataspel finns verktyg för att själv skapa olika banor och interiörer. Torsson utnyttjar tekniken för att återskapa dessa onda rum, som sovrummet i *Psycho*, korridoren i *The Shining* eller Hannibal Lecters cell.

The Shining är en av de skräckfilmer som verkar ha gjort starkast intryck på konsten. Stephen King skrev romanen 1977 och Stanley Kubric filmade den 1980 med bland annat Jack Nicholson i huvudrollen. Konstnärligt håller filmen en hög kvalité och är väl den konstnärligt intressantaste och mest minnesvärda av alla Stephen King-böcker som filmatiserats genom åren. Den sticker helt klart ut från den våg av skräckfilmer som producerades i serier under 80-talet som *Friday 13th, Halloween* och *Terror på Elm Street.*

-All work and no play makes Jack a dull boy. -The Shining (1980)

I John Thurfjells dataspelsverk *Do you have the shine*, 2002, spelar man den sjuårige Danny som cyklar runt i hotellets öde korridorer på sin trehjuling. I spelet finns femtio hörn och bakom något av dessa hörn står de två tvillingflickorna. Om spelaren svänger runt hörnet med öppna ögon och möter flickorna dör han, men om han har förmågan att förutse, d.v.s. om han har "the shine", hinner han blunda och kan fortsätta spela. Spelaren har tio chanser att blunda i spelet, och hela spelet bygger på slump så det är snarare intuition än skicklighet som är avgörande.

Den kanadensiska konstnären Jillian Mcdonald är ytterligare ett exempel på hur *The Shining* inspirerat konstnärer. Hennes videoverk *RedRum* (9 min) har ett typiskt skräcktema, ett hemsökt hus fyllt med blodspår och blod som rinner längs väggarna. I *The Shining* finns en scen där hissdörrarna öppnas och blod forsar ut genom korridorerna och "redrum" sett i spegeln blir "murder", något som Mcdonald refererar till i sitt verk. Andra skräckfilmer som har inspirerat konstnärer är t.ex. *Exorcisten* (1973). Max von Sydow spelar rollen som prästen som ska fördriva demonen ur den besatta flickan. Luc Tymans har målat *The Exorcist*, 2007, en tavla som föreställer hur flickan leviterar ur sin säng samtidigt som prästen försöker fördriva demonen.

Filmen *När lammen tystnar* (1991) med Anthony Hopkins i rollen som den blodtörstige och intellektuelle kannibalen Hannibal Lecter hör också till en av de där skräckfilmerna som håller en hög konstnärlig kvalité. Det är förmodligen därför som den har lyckats sprida sig till de breda lagren och skapat klassiska scener som präntats in i vårt medvetande. Sonja Nilssons videoverk *När lammen tystnar*, 2008, handlar om filmens mindre kända seriemördare Buffalo Bill. Det är han som kidnappar, mördar och slutligen skinnflår unga kvinnor för att själv kunna förvandla sig till en kvinna. Nilsson har byggt upp en interiör från filmen som visar seriemördarens hemliga näste där han håller de unga flickorna fångna. I ursprungsversionen får vi se hur seriemördaren dansar till Q Lazzarus sång *Good Bye Horses*. I Nilssons version har hon klippt in sig själv som mördaren så att manligt och kvinnligt mixas i verket.

-One, two, Freddy's coming for you. / Three, four, better lock your door. / Five, six, grab your crucifix. / Seven, eight, gonna stay up late. / Nine, ten, never sleep again. -Terror på Elm Street (1984)

Affischen till Steven Spielbergs film *Hajen* (Jaws, 1975), som visar den stora vithajen som simmar med glimmande käftar under den ovetande simmaren, är så gott som ikonisk. Det finns faktiskt en tidig förlaga till Spielbergs film inom konsten, nämligen John Singleton Copleys dramatiska målning *Watson and the Shark* från 1778. Målningen visar hur en ung sjöman simmar ensam i hamnen när han plötsligt blir attackerad av en haj, men som tur är finns hans skeppskamrater i närheten och lyckas rädda honom från att bli uppäten. Konceptet är inte så olikt handlingen i filmen *Hajen* och även jakten på den människoätande besten känner vi igen. Inom samtidskonsten är det väl Damien Hirst som man i första hand förknippar med hajar. 1991 gjord han verket *The Physical Impossibility of Death in the Mind of Someone Living* som bestod av en tigerhaj i en glastank innehållande formaldehyd. Alla besökare som har sett filmen *Hajen* kommer nog rent instinktivt att tänka på Spielbergs film när man ser detta verk, oavsett om det finns en medveten koppling eller ej.

Även om man inte tycker om eller ser på skräckfilm så kan man inte undgå alla referenser till filmerna som dyker upp i TV-serier, reklam och i konsten. Idag har många skräckfilmer kultstatus och formspråket har nästan blivit kitschigt. Trots det utgör de en stor och viktig del av vårt kulturarv och ingår därför som ett naturligt referensverk för samtida konstnärer.

Inte bara påskägg – en essä om ägg i konsten

Det är väl klart att fåglarna blir förbannade när grisarna stjäl deras ägg! Äggen är ju deras barn och en symbol för livet. Att det finska företaget Rovio Mobile valde att bygga spelet *Angry Birds* kring en historia om stulna ägg är kanske inte så underligt. Djupt rotad i den finska folksjälen ligger ett ägg och ruvar. Precis som många andra skapelsemyter runt om i världen startar det finska nationaleposet *Kalevala* med att en fågel lägger några ägg som sedan går sönder och skapar världen: Överdelen blir himlen, underdelen blir jorden, gulan blir solen och vitan blir månen.

Fransk omelett 4 port

4 ägg
1 dl vatten
½ tsk salt
½ kryddmått svartpeppar
smör

Ägg i konsthistorien är på sätt och vis själva grunden för måleriet. I alla fall för de konstnärer som använde sig av temperafärger. Tempera är namnet på färgens bindningsmedel som sedan blandas med olika färgpigment. Att använda ägg som tempera var vanligast under medeltiden och det är också den epok där de kristna motiven dominerade konsten. Vilket är mycket passande, eftersom ägget inom den kristna symboliken har en mycket stark symbolkraft. Ägget påminner om Kristus grav som spricker och han återuppstår från döden. Traditionen med påskägg sägs komma från en episod då Maria Magdalena berättar för kejsaren i Rom att Jesus återuppstått. Vilket får kejsaren att sarkastiskt säga att det är lika sant som att ägget på hans bord är rött! Det vita ägget på kejsarens bord skiftar då naturligtvis färg och blir blodrött och från den dagen målar vi våra ägg under påsken.

Att man i kristna målningar kan hitta ett ägg som surrealistiskt svävar över jungfru Maria är därför inte helt ovanligt. Den italienske renässansmålaren Piero della Francesca målade 1472 en tavla, naturligtvis med hjälp av temperafärger, föreställande *Madonnan med det sovande Jesusbarnet* i knäet omgiven av änglar och helgon. Ungefär en meter ovanför Madonnans huvud hänger ett vitt ägg i ett tunt snöre från taket som en symbol för uppståndelsen och skapelsen.

Påskägget var i begynnelsen ett enkelt vitt ägg, men i slutet av 1800-talet började ett företag i Ryssland att tillverka påskägg som var långt ifrån det enkla asketiska ägget i Maria Magdalenas hand. Företaget Fabergé spottade ur sig små juvelprydda smyckesägg som överklassen gav bort som påskgåvor till nära och kära. Ett femtiotal av äggen hade normal storlek och tillverkades exklusivt åt tsar Alexander III och Nikolaus II. Dessa kungliga juvelprydda ägg hör till de dyraste man kan hitta i konsthistorien. Vid den här tiden hade dock ägget i konsten som en kristen symbol börjat luckras upp och fått mer världsliga betydelser.

Den franske målaren Jean Baptiste Greuze gjorde 1756 en oljemålning med titeln *Krossade ägg*. På tavlan ser man en tjänstekvinna som sitter på golvet bredvid en korg med krossade ägg. Bakom henne står en ung man och en äldre kvinna som verkar gräla på tjänstekvinnan. Nu kan man lätt tro att tjänstekvinnan varit slarvig och tappat äggen som hon nyss köpt på torget och hennes husmor skäller ut henne för detta. Situationen är dock lite mer komplicerad. De krossade äggen symboliserar enligt tidens anda tjänstekvinnans oskuld som nu är krossad och man kan anta att det är den unga mannen på bilden som har varit med och rört om i omeletten. Tittar man noga på målningen är det den unga mannen som husmodern tittar anklagande på och inte tjänstekvinnan.

Ugnsomelett 4 port

3 ägg
1 msk vetemjöl
4 dl mjölk
½ tsk salt

I slutet av 1800-talet började Sigmund Freud att rota i våra drömmar och ägget fick delvis en ny betydelse för den moderna människan. Om man slår upp ägg i ett drömlexikon så får man veta att ägget symboliserar nya möjligheter, förändringar, kreativitet, men om ägget går sönder innebär det problem eller brustna drömmar. De surrealistiska konstnärerna var mycket intresserade av drömmar och Salvador Dali är den surrealistiska konstnär som verkar har varit mest besatt av ägg i sin konst. Det finns många verk av Dali där ägget har en central plats som i *Eggs on a Plate without the Plate* från 1932. Där ser vi ett ägg som hängt sig över en stekpanna där det ligger två andra ägg. I målningen *Geopoliticus Child Watching the Birth of the New Man* från 1943 bryter sig en man ut ur ett ägg som på ytan har världsdelarna i relief. *Metamorphosis of Narcissus* från 1937 är ett annat exempel. Målningen visar en hand som håller i ett ägg där en narciss spirar ur ägget. Till och med på hans surrealistiska museum i Figueres i Spanien kröns taket med stora vita ägg.

På latin heter ägg *ovum* och från ovum har vi fått ordet oval, som beskriver äggets form. Inom konsten har äggets form haft en lika stor betydelse som dess symbolik. Ett av konsthistoriens mest kända ägg är Constantin Brancusis ägg, *Den nyfödde* från 1915. Här är det den ovala formen som varit intressant för skulptören. Ser man sig omkring i rondeller, torg och parker upptäcker man snart att den ovala äggformen är ganska vanlig bland offentliga skulpturer. I Chicago hittar man konstnären Anish Kapoors skulptur *Cloud Gate*, som består av ett stort rostfritt ägg som reflekterar stadens skyline. Henry Moore och Barbara Hepworth är andra exempel på konstnärer som har gjort flera offentliga skulpturer som har använts sig av ovalen i formspråket.

Till och med inom videokonsten kan man hitta ägg. Videopionjären Nam June Paik gjorde 1984 verket *Egg Grows* där en övervakningskamera filmar ett ägg som sedan visas på åtta TV-skärmar där varje skärm är större än den tidigare och därför ger en illusion av att ägget växer. För Nam June Paik var videokameran framtidens pensel och skärmen duken. Så det känns helt naturligt att ägget idag har förflyttat sig från den analoga duken till den digitala skärmen. I dataspelsvärlden pratar man om *easter egg* för att beskriva hemligheter, fusk och överraskningar som speltillverkaren ha lagt in i spelet. Och var skulle man i dagens sekulariserade värld finna påskägg om inte i spel som Angry Birds?

Äggakaka ca 5 port

1 dl vetemjöl
1 ½ tsk salt
4 dl mjölk
4 ägg
smör

En stank av urin – en essä om det manliga kissandet i konsten

En liten pojke som står och kissar dygnet runt i ett gathörn tillhör en av stadens mest kända konstverk och är ett obligatoriskt turistmål för den som besöker Bryssel. Visst är det något speciellt med *Manneken Pis*, den lilla bronsskulpturen med den kissande pojken? Han är både charmig och oskuldsfull på samma gång där han står och porlar mitt i stadsrummet. Det är förstås inte lika charmigt när vuxna (ofta fulla) män står och pinkar utomhus. Det blir ungefär som när man ska skriva om urin i samtidskonsten, det blir väldigt grabbigt och med en känsla av revirpinkande.

-Ett revir är ett område som ett eller flera djur försvarar mot andra djur. De vanligaste anledningarna att försvara ett revir är reproduktion, föda och skydd.*

Ett av konsthistoriens mest kända konstverk består till exempel av en vit porslinsurinoar. Det var konstnären Marcel Duchamp som 1917 ställde ut en ready-made, dvs. en vanlig urinoar som han hade köpt och signerat med namnet "R.Mutt". Konstverket var inte bara provocerande utan dessutom mycket manligt. Duchamp kunde ha valt att ställa ut en porslinspotta eller en toalett, föremål med ungefär samma värdeladdning, men som dessutom kan användas av bägge könen. Istället valde Duchamp att ställa ut en urinoar. Det enda föremålet på en offentlig toalett som är anpassat och utvecklat för män.

En av Duchamps urinoarer finns på Moderna Museet i Stockholm. Här finns också ett annat urinbaserat konstverk installerat på herrtoan. Utanför herrtoaletten sitter en liten övervakningsmonitor som visar en svart-vit bild inifrån toaletten med urinoarerna. Tyvärr är det ett oerhört ojämtställt konstverk eftersom det är bara män som har tillträde till toaletten och därmed också möjlighet att se konstverket. För den halva av befolkningen som nu inte har möjlighet att se detta verk live kan jag berätta att det består av en liten exakt modell av herrtoaletten på Moderna Museet med urinoarerna. Det är modellen som övervakas av en kamera och inte den riktiga toaletten. Så man behöver inte vara rädd att vem som helst kan se vad man gör Även damernas toalett på Moderna Museet övervakas och i jämställdhetens namn är det ett lika ojämställt verk eftersom det i sin tur stänger ute männen. Eftersom jag är man, har jag förstås inte sett verket och har svårt att uttala mig om det. Bakom de bägge konstverken står den svenska konstnären Jonas Dahlberg. Han har vid flertalet tillfällen arbetat med modeller och kameror och installationen på Moderna Museet ingår i en serie som heter *Safe Zone* där han på olika museer i Europa har installerat modeller av en offentlig plats som övervakas av en säkerhetskamera.

Duchamps urinoar har nu lockat ett antal konstnärer att försöka återerövra konstverket genom att använda det till vad det var avsett från början, nämligen att kissa i. Pierre Pinoncelli, en fransk performancekonstnär, lyckades 1993 under en utställning i Nîmes i Frankrike att kissa i urinoaren. Den svenska konstnären Björn Kjelltoft travade en dag in på Moderna Museet med en medhjälpare och kissade i Duchamps konstverk på Moderna Museet medan det hela dokumenterades med hjälp av en kamera. Fotografiet från denna aktion ingick sedan i hans elevutställning på Konstfack 2001. Två andra konstnärer, Cai Yuan & Jian Jun Xi, försökte 2000 att kissa i en urinoar av Duchamp som fanns på Tate Gallery i London. Precis som i fallet med Björn Kjelltoft förnekade dock museiledningen att konstnärerna hade lyckats med sitt uppsåt. För inte får man besudla konsten med urin, även om det råkar vara en urinoar?

-Räven markerar sitt revir vid flera ställen med avföring och urin. I revirets centrum ligger grytet.*

Inom djurvärlden är kissandet en viktig del av revirmarkerandet. Att kissa i Duchamps urinoar kan också ses som en form av konstnärlig revirmarkering. En framgångsrik strategi eftersom ovan nämnda konstnärer har mutat in sitt eget konstnärskap som en liten del av konsthistorien kring Duchamps urinoar. Konstnären David Hammond har också sysslat med revirkissande. År 1981 ställde han sig och kissade på en offentlig stålskulptur i New York av konstnären Richard Serra. Hela händelseförloppet dokumenterades genom foton och presenterades sedan som konstverket *Pissed off*. Till skillnad från någon kissnödig man i allmänhet så valde Hammond medvetet att kissa på Serras verk. För att, som han förklarade, återta det landområde som Sierra mutat in med sin skulptur.

När konstmässan Market i Stockholm öppnade i februari 2009 blev det ett ramaskrik när videon *Territorial pissing* visades. Det var konstnären och graffitimålaren Magnus Gustafsson, alias Nug, som ställde ut en video som visade hur en maskerad man slog sönder och klottrade ner en tunnelbanevagn. Självaste kulturministern fördömde videon, som precis som stora delar av allmänheten betraktade den som vandalism snarare än konst. Titeln *Territorial pissing* är hämtad från en sång av Nirvana från albumet "Nevermind"(1991) och betyder ordagrant att markera ett revir genom att pissa. Vi har sett att det är något som konstnärer har sysslat med tidigare, men titeln kan också ses som metafor för en företeelse inom graffitin att markera sitt revir genom taggar och väggmålningar. Även om Nugs video är mer destruktiv än David Hammonds aktion så är grundidén densamma, att markera ett revir och återerövra ett område, antingen från en annan konstnär eller som i graffitins fall, från staten och den kommersiella marknaden som äger gaturummet och som bestämmer vad som får och inte får visas.

Man behöver nu inte kissa på andras konstverk för att provocera utan man kan också kissa på sina egna. Popkonstnären Andy Warhol experimenterade i slutet av 70-talet med *Oxidation Paintings* där han lätt människor, efter några glas vin, urinera på en duk med kopparfärg som oxiderade när någon kissade på den. En konstnär som verkligen har väckt uppmärksamhet med sin urinkonst är fotografen Andre Serrano som sänkte ner ett krucifix med Jesus i en behållare med sin egen urin och fotograferade av det under rubriken *Piss Christ*. Pissed, dvs. förbannad, visade sig vara en bättre rubrik, för många blev förbannade på Serrano och hans konst utsattes för vandalism. Vid en utställning på Kulturen i Lund krossades t.ex. flera fotografier av Serrano, däribland *Piss Christ*, av maskerade män.

Den starka reaktionen på konstverket är förstås förståelig då att kissa på någon anses förnedrande. I början av 2012 släpptes en uppmärksammad video på internet som visade en grupp amerikanska soldater som kissade på sina döda fiender i Afghanistan. Inte ens sina dödsfiender får man förnedra genom att kissa på. Å andra sidan är urin en naturlig kroppsvätska och att sänka ner ett krucifix i den bärnstensgula vätskan skapade både estetisk och andlig effekt i fotografiet. Kristendomen är dessutom en religion som har ett nära förhållande till kroppen och kroppsvätskor, vilket manifesteras i själva nattvarden där vinet är blod och brödet lekamen. I den kontexten blir Serranos konstverk betydligt intressantare och inte lika provocerande.

Finns det då inga kissande kvinnor? Naturligtvis har även kvinnliga konstnärer lättat på trycket i konstens tjänst, men det blir plötsligt lite mer komplicerat när en kvinna ska kissa. Ett exempel är fotografen Sally Mann som i serien *Immediate Family*, 1984-1991, skildrade sina barns vardag. I en av bilderna med titeln *Three Graces* ser man hennes tre nakna döttrar som håller varandra i händerna och bredbent står och kissar uppe på ett berg. Den här och andra bilder i serien väckte en hel del kontrovers hos den religiösa högern i USA. Förmodligen missade man den tydliga konsthistoriska referensen till alla tidigare målningar och konstverk som har avbildat de tre nakna gracerna. Man hittar dem på fresker från antikens Pompeji och i samtida konst som i Niki de Saint Phalles stora, runda och färgglada dansande skulpturer föreställande de tre gracerna i Washington. Kan det vara så att moralisternas fantasi skenade iväg när de såg de tre kissande flickorna och att de sexualiserade bilden och därför tog anstöt? För inte är det lika provocerande eller erotiskt laddat när unga pojkar står och kissar ute i naturen. Den norska fotografen Torbjørn Rødland har i fotografiet *Gutt* porträtterat en liten ljushårig kille som står ute i den vackra naturen med neddragna byxor och stolt kissar likt *Mannekin Piss*, ner i en sjö. Rødland fotografi har flera likheter med Sally Manns bild, men det verkar som att det läggs på ett lager av sexualisering när det handlar om flickor och kvinnor som kissar, medan kissande pojkar blir charmiga och urinerade män blir en symbol för makt och revirtänkande.

-Hjortdjur. För kommunikationen mellan artfränderna och för att markera reviren används körtelvätskor som bildas vid huvudet eller vid fötterna. Ibland markeras även med urin.*

I Wanås skulpturpark finner man ett annat känt exempel på en kissande kvinna. Ann-Sofie Sidéns bronsskulptur *Fideicommissum* från 2002 visar en hukande kvinna som sitter i en glänta med en härlig utsikt över dammen i Wanås och kissar. Det är en vardaglig situation som Sidén skildrar. Under en skogspromenad blir kvinnan kissnödig, drar ner byxorna och sätter sig för att kissa. Ordet fideicommissum kommer från den romerska lagen och handlar om arv och betyder helt enkelt att anförtro eller lägga något i förtroende i någon annans händer. Kvinnan lägger kanske i våra händer, oss som betraktare, att få vara ifred medan hon kissar, och inte bli iakttagen i denna privata situation.

Den sittande kissande kvinnan finner vi också i Kicki Smiths verk *Pee Body*, 1992, som visar en kvinna som sitter hukande i utställningen och runt henne ringlar ett band av gula pärlor symboliserande urinen. Precis som i Sidéns fall hukar den kissande kvinnan och försöker vara privat. Hon är inåtvänd, sluten inom sig själv, när hon uträttar sitt behov. En kvinna som däremot inte hukar är den spanska performancekonstnären Itziar Okariz. Under en föreställning på Norrlandsoperan i Umeå 2007 gjorde hon en performance som var en del i verket *Peeing in Public or Private Space*. Okariz stod upp på scenen och kissade, men blev avbruten av konstnären Dorinel Marc som sträckte fram en röd dampotta och fångade upp kisset. Han doppade sedan fingret i urinen och smakade på det och utbrast att det smakade konst. Dorinel Marc aktion mot Okariz är en bekräftelse på att kissandet är en manlig domän inom konsten. Kvinnorna kan möjligen få sitta och kissa i någon skogsdunge med lite halverotiska preferenser. De ska i alla fall inte stå upp och kissa i det offentliga rummet. Utan det är ett område som tillhör det manliga reviret som måste bevakas.

-Kaniner har doftkörtlar på undersidan av hakan som de gnuggar mot föremål för att markera ägande och revir.*

Avslutningsvis kan vi ta ytterligare ett exempel på hur urinoaren och kissande har blivit en manlig bastion inom konsten. Elmgreen och Dragsets installation *Gay Marriage* från 2010 består av två urinoarer vars avloppsrör är sammankopplade. Att verket handlar om två män i ett förhållande är väl självklart. Visserligen är verket romantiskt och politiskt korrekt med sitt inlägg i debatten om homosexuellas rättigheter, men samtidigt kan man bli lite "pissed off" att männen så starkt har revirmarkerat detta område inom konsten och att det ligger en stank av urin över hela tematiken.

*Citaten i essän är hämtade från Wikipedia.

Varsågod och sitt – en essä om stolen i konsten

En stol eller en stol eller en stol? Platon skulle nog ha gillat Joseph Kosuths konceptuella konstverk *One and Three Chairs* från 1965. Det består av en riktig stol, ett fotografi av stolen och en text från ett uppslagsverk om vad en stol är. I Platons idévärld finns det bara en stol, det är idén, den sanna bilden av stolen, resten är bara dåliga kopior. När man pratar om stolar i konsten uppkommer samma filosofiska fråga. Vad är egentligen en stol?

Nationalencyklopedin skriver att en stol är en "sittmöbel för en person, på tre eller fyra ben, vanligen med ryggstöd, ofta också med armstöd". Om vi då tar Duchamps konstverk *Cykelhjul* som består av en pall. För det första – är en pall verkligen en stol? Man kan sitta på den och den har tre ben. Men sedan har Duchamp monterat ett cykelhjul mitt på pallen så man måste minst vara akrobat för att kunna sitta på den. Är det verkligen en stol när man inte kan sitta på den?

I barnboken Nasse hittar en stol av Sven Nordqvist vandrar Nasse längs vägen när han plötsligt ser något på marken:

-Vad är det för konstigt som ligger där? *

Det konstiga är en stol, men eftersom Nasse aldrig sett en stol börjar han undersöka hur man kan använda det nyupptäckta föremålet. Hans vänner kommer förbi och påpekar att han gör helt fel och försöker förklara för honom hur man ska använda en stol. Nasse lyckas efter flera analyser, ny kunskap och en hel del hederlig "trial and error" lista ut vad en stol är och hur den ska användas. Nasse är som ett barn som upptäcker världen. Precis som barn gör han också väldigt "roliga" och oväntade saker med föremålen han hittar.

Medan de vuxna i hans omgivning tillrättavisar och förklarar för honom hur föremålet egentligen ska användas. En konstnär arbetar ofta i motsatta riktning. Konstnären vet vad en stol är och hur den ska användas, men genom att tänka som ett "barn" kan konstnären medvetet glömma bort vad en stol är och hur den ska användas. Konstnären kan sedan ta en pall och sätta på ett cykelhjul och plötsligt har man ett skapat något som är oväntat och som ifrågasätter själva begreppet stol.

Men låt oss för en stund hålla oss kvar i konsthistorien då en stol fortfarande var en stol. Vincent van Gogh krånglade till exempel inte till saker och ting utan han målade helt enkelt av sin stol. Konstnärens stol från 1888 är en vanlig trästol med en sits av rotting och på sitsen ligger van Goghs pipa. Det är faktiskt precis en sådan stol som jag sitter på nu och skriver min essä, fast min stol är röd, men annars är det exakt samma modell. Under 1888 bodde van Gogh i Arles och i andra målningar från den här perioden har han målat av sitt sovrum. I sovrummet finns en säng, ett bord och två stolar som är exakt samma som på den ovan nämnda målningen.

I Arles umgicks van Gogh med konstnärskollegan Paul Gauguin och vid samma tidpunkt målade han även av

Gauguins stol. Gauguins stol ser lite annorlunda ut. Den har armstöd och är mjukare i formerna, den ser helt enkelt bekvämare ut. Färgerna är också mörkare. På stoldynan står ett brinnande ljus bredvid två böcker. Konsthistorikerna har placerat de bägge stolarna bredvid varandra och analyserat dem. Stolarna har fått representera de bägge konstnärerna, ett slags självporträtt i form av en stol. Två stolar som speglar två olika temperament. Den mer asketiska inåtvända van Gogh och den mer levnadsbejakande utåtvända Gauguin.

-Man kan åtminstone hänga mössan på en av pinnarna.*

År 1871 gjorde James Whistlers ett porträtt av sin mor. Hon sitter i profil på en stol. Av själva stolen ser man inte så mycket. Hennes svarta klänning täcker nästan hela stolen, man ser bara bakbenen och stolsryggen som en svart kontur. Fötterna är uppsatta på en låda, kanske är det bekvämare så. Det är ett porträtt av en äldre kvinna, målat med vördnad. Det är inte helt ovanligt i konsthistorien att man låter modellerna sitta på en stol. Det är ju betydligt bekvämare att sitta än att stå upp timme efter timme medan konstnären målar porträttet. Att sitta är inte bara bekvämt, det är också en maktposition. Kungar sitter och undersåtar står.

-Jag är väl inte så dum. Men jag har ju aldrig sett en stol förr, muttrar Nasse.*

Runt 1650 målade den spanska målaren Diego Velázquez av påven *Innocent X*. Det är ett typiskt maktporträtt. Påven sitter på en fin dyrbar stol med armstöd och hög rygg. Stolen är klädd med rött tyg och utsmyckad med förgyllda detaljer. Påven sitter sammanbiten, lugnt och värdigt med ett brev i sin vänstra hand. Det är ingen tvekan om att det här är en herre som har makt och viljan att förändra världen. Världen ligger framför hans fötter och hans besökare lär få stå i väntan på audiens. 300 år senare skulle den irländske konstnären Francis Bacon göra en parafras på Velázquez målning. Det värdiga och det behärskade i originalporträttet är som bortblåst. Bacon har istället målat ett porträtt där det verkar som om påven håller på att sugas in i helvetet. Ansiktet uttrycker ångest och skräck som i Munchs Skriet och hans fingrar klamrar sig desperat fast kring armstödet. Det är som om Bacon har fångat dödsångesten hos påven när han precis håller på att avrättas i en elektrisk stol.

Det var Harold P. Brown som var anställd under Thomas Edison som kom på idén att skapa en elektrisk stol för att avrätta människor med. Bakgrunden var att grilla människor ansågs mer humant än den gamla metoden att hänga folk. Första gången som den elektriska stolen användes för att avrätta en person var 1890. Popkonstnären Andy Warhol som var intresserad av kändisskap och död gjorde i mitten av 60-talet en känd serie med silkscreentryck som han kallade Death and disaster series. Där använde han sig av olika bilder med död och olyckor, t.ex. olika former av bilolyckor. År 1967 gjorde han ett känt silkscreentryck av den elektriska stolen. Den dödande stolen var inte längre bara ett avrättningsredskap utan också en populär mediabild som symboliserade död och berömmelse, eftersom många kända mördare slutade sina liv i stolen.

*-Du vet inte ens hur man sitter på en stol. Det är en helt vanlig stol som är upp-och-ner.**

Den berömda kinesiska samtidskonstnären Ai Weiwei gjorde i samband med den stora konstutställningen *Documenta 12* i Kassel 2007 en installation som han kallade *Fairytale – 1001 chairs*. Weiwei arrangerade 1001 trästolar från Ming & Qing dynastin runt om i utställningen och bjöd även in 1001 frivilliga kinesiska medborgare att komma till Kassel. Weiwei hör till en av världens mest uppmärksammade konstnärer och är en stark regimkritiker i sitt hemland. När han arresterades av de kinesiska myndigheterna väckte det förstås stora protester och bland annat arrangerades en stödaktion som fick namnet *1001 Chairs for Ai Weiwei* där man uppmanade anhängare att ta med sig en stol och sätta sig utanför de kinesiska ambassaderna och konsulaten. En stol kan ha en väldigt politisk laddning och kan utgöra ett passivt motstånd mot makten.

Stolens politiska och historiska budskap är något som den colombianska konstnären Doris Salcedo också har undersökt. Under Istanbul biennalen 2003 staplade Salcedo 1500 stolar mellan två byggnader för att skapa, som hon uttryckte det, ett krigets topografi. Man kan tolka det som att Salcedo fyller igen ett hål i stadsrummet, ett gap som kanske uppstått när en byggnad försvunnit, eller bombats sönder. Gapet fylls med tomma stolar, stolarna är olika och individuella och representerar människor som en gång suttit på dem. Kanske är även människorna försvunna precis som huset? Det finns många dimensioner som man kan läsa in i Salcedos verk. Det är intressant att konstatera att precis som hos van Gogh och Weiwei föredrar Salcedo att arbeta med en enkel vanlig trästol, med fyra ben och ett ryggstöd.

Stolarna är enkla men de är också individuella, det är inte massproducerade stolar från IKEA utan varje stol ser olika ut. Om Platon hade fått bestämma så skulle alla stolarna vara massproducerade och se exakt likadana ut, men jag tror att de flesta skulle föredra det individuella och unika istället för det klonade och likformade både när det gäller stolar och människor. För en stol är inte bara en stol, det berättar också en hel del om människan som sitter på den.

*-Det är tydligen såhär det ska vara, tänker Nasse. Det här är en stol och det är såhär man skall sitta på den.**

*citaten är hämtade ur barnboken Nasse hittar en stol (1995) av Sven Nordqvist.

Jakten på den röda ballongen – en essä om ballongen i konsten

Ett rött hjärta stiger mot himlen. Kvar på marken står en liten flicka och ser hur hennes ballong flyger iväg. Det går inte riktigt att se om flickan är ledsen för att hon har tappat sin ballong, eller om hon självmant släppt ballongen för att se den stiga upp mot skyn. Flickan med den röda ballongen är en av gatukonstnären Banksys mest kända verk.

Det finns en annan känd bild av Bansky med en flicka och ballonger. Bilden består av en svart siluett där en flicka håller i ett knippe med ballonger och svävar iväg. Det finns något dubbeltydigt med ballonger. Ballonger är något vi förknippar med barn och lek. De är färggranna, barnsliga, lekfulla och lätta, men också ömtåliga. De kan stå för glädje, kalas, skratt och fest, men också för sorg, ensamhet och övergivenhet när de plötsligt exploderar i handen eller flyger sin väg i vinden.

-The audience must pass through a vestibule where the floor has been covered with inflated balloons prepared to burst on contact. AY-O*

I Paul Klees målning från 1922 ser vi också en röd ballong som stiger upp mot himlen. Här är det inte fråga om någon leksaksballong utan en luftballong som svävar över landskapet. Drömmen om att kunna flyga är lika gammal som människan.

Tekniken att skapa varmluftsballonger kände kineserna till redan på 200-talet men det skulle dröja till slutet av 1700-

talet innan någon människa vågade lämna den fasta marken under sig och sväva upp i det okända i en varmluftsballong. Berättelsen om Ikaros öde avskräckte nog en hel del. Den grekiska hjälten Ikaros tillverkade ett par vingar av vax för att kunna rymma ur fångenskapen från labyrinten på Knossos. I övermod flög han alldeles för högt upp och solen smälte hans vingar så att han störtade ner i havet och dog. Att flyga var inte bara äventyrligt utan även förknippat med dödsfara. När människan äntligen lyfte från marken på ett någorlunda säkert sätt var det ett tekniskt genombrott som naturligtvis måste förevigas i konsten. Den första bemannade ballongflygningen skedde i oktober 1783 av bröderna Montgolfier i Frankrike och finns dokumenterad i många målningar, teckningar och etsningar från den tiden.

I slutet av 1800-talet hade ballongflygningar blivit högsta modet hos allmänheten i Paris och avbildningar av varmluftsballonger fanns överallt. Kanske var det en av dessa många uppstigningar som fick konstnären Odilon Redon att med kolkritans svärta rita en av konsthistoriens märkligaste och mest kända ballonger: *Ögon-ballongen* från 1878. Ballongen består av en ögonglob där de nedre ögonfransarna har flätats ihop och bundits fast i en tallrik där man ser övre halvan av ett huvud. Bilden är både surrealistisk och ödesmättad och mycket olik många andra exempel på ballonger som vi kan hitta i konsten.

-Inflate a small rubber balloon in one deep breath and sign your name on the surface of the balloon.(This is your

lung). You can buy the lungs of other performers at an auction. Mieko Shiomi

Med utvecklingen av flygplanet och den katastrofala olyckan med det stora luftskeppet Hindenburg som 1937 störtade och brann upp, seglade ballongen som transportmedel ut i periferin av konsthistorien. Istället var det den billiga latexballong som fick sin revansch. År 1824 hade den brittiska fysikern och kemisten Michael Faraday uppfunnit den första gummiballongen för att användas i experiment med gaser. Faraday hade nog sett lite frågande på den leksaksindustri av latexballonger i olika former och färger som kom att utvecklas utifrån hans vetenskapliga instrument.

Den röda ballongen intar fortfarande en speciell position i samtidskonsten. Av de fem versionerna som finns av Jeff Koons ballonghund är det den röda som man kommer ihåg bäst. Koons vridna ballonger ser så där lätta och ömtåliga ut, precis som en ballonghund man får av en clown på cirkus, men skenet bedrar. För ballonghunden är gjord av rostfritt stål och är över tre meter hög. Koons konstverk är rena motsatsen till en ballong. Den är hård, stabil, beständig och dessutom tung och otymplig. Koons har också gjort andra ballongskulpturer som t ex ballongblommorna från 1995. Alla är trots sitt lätta intryck stora tunga skulpturer i högblankt rostfritt stål och lär inte flyga i väg ens om det skulle blåsa upp till full storm.

-All runners have as many inflated balloons as possible tied to their bodies. Once the balloons are in place, they run a normal 220-yard race. Larry Miller*

Ett bollhav eller ett ballonghav är nog alla barns dröm. En dröm som den brittiska konstnären Martin Creed har återskapat i sitt verk *Work No. 200, half the air in a given space*, 1998. I den första versionen fyllde Creed konsthallen med vita ballonger som tillsammans innehöll hälften av luften i rummet. Installationen har sedan genomförts på flera olika museer och färgen på ballongerna har skiftat. Creed paketerar hälften av luften i rummet i ballongerna för att åskådliggöra något som är osynligt och som vi i vanliga fall inte reflekterar över.

Även den sydkoreanske konstnären Choi Jeong Hwa har skapat ett ballonghav. Det gjorde han 2012 på Central Gallery i Perth, Australien. Han fyllde rummet med ballonger i alla möjliga färger och former. Installationen kallades *Life*. *Life* och skulle symbolisera rörelse, liv och färg när alla ballonger for omkring bland besökarna, men det fanns även en mörkare sida av konstverket. Ballongerna gick så småningom sönder när besökarna rörde sig bland dem lite för vårdslöst. Precis som en ballong är livet egentligen ganska ömtåligt.

Det lekfulla kombinerat med det allvarliga är något som den tyska konstnären Hans Hemmert är intresserad av. Han använde färgglada ballonger för att bygga en skulptur som föreställde en tysk pansarvagn: *German Panther*, 2007. Den hårda dödliga krigsmaskinen förvandlades till en ballongskulptur som bara bestod av luft och lätt kunde punkteras och städas undan. Det är ungefär som rädsla, den består ofta av uppförstorade och skräckinjagande tankar men om man väl vågar möta dem och genomlysa dem så pyser de ihop som en ballong. Hur många krig har egentligen inte startats pga. av uppblåst rädsla eller andra inbillade luftslott som inte haft någon förankring i verkligheten?

Fluxusrörelsen som grundades i början av 60-talet var inspirerad av dadaismen och det är därför inte speciellt förvånande att man i handboken *Fluxus Performance Workbook*, sammanställd av bland andra Ken Friedman och som innehåller instruktioner till ett hundratal olika Fluxusverk, även hittar ett antal performanceverk som handlar om ballonger. Ballongens lekfulla väsen är något som borde ha passat Fluxusrörelsen väl. Några av performanceverken har citerats i den här essän.

Men låt oss avsluta vår ballongresa med det ultimata partytricket. Anthony Ramos var performance- och videokonstnären som ofta kombinerade konceptuell konst med ett politiskt budskap. Han var elev och assistent till konstnären Allan Kaprow och 1972 gjorde han ett videoverk av en performance som influerats av Kaprow. I videoverket blåser Ramos helt enkelt upp en ballong med näsborren tills den exploderar i ansiktet. Sedan gör han samma sak med den andra näsborren. Det är ett verk som man mycket väl skulle kunna ha hittat i Fluxus-handboken.

-Take a balloon. Blow. Let it go. Say: Goodbye !!! Luce Fierens*

* Citaten i essän är hämtade ur Fluxus Performance Workbook, 2002, ed. Ken Friedman, Owen Smith och Lauren Sawchyn.

En essä om ingenting
-Tystnad, svarade Murke. Jag samlar tystnad.

I Heinrich Bölls novell *Doktor Murkes samlade tystnad* möter vi Murke som arbetar på en radiostation. En av hans egenheter är att han samlar på tystnad. När han klipper band där det förekommer andetag, suckar, paus eller absolut tystnad så kastar han inte klippen i papperskorgen utan samlar dem istället i en gul kexburk. De små fragmenten av tystnad klistrar han sedan ihop till ett nytt band som han tar hem och lyssnar på. Det har hittills bara blivit tre minuter för det är, som Murke säger, *"… ju inte heller så ofta det hålls tyst"*.

Det finns tre konstverk skapade i mitten av 1900-talet som Murke förmodligen skulle ha uppskattat och som handlar om tystnaden, tomheten och ingenting.

Konstnären John Cage ansåg själv att ett av hans viktigaste verk bestod av fyra och en halv minuter med tystnad. Det var runt 1947 som Cage komponerade sitt berömda verk *4.33* som han ofta framförde framför ett piano. I exakt 4.33 minuter satt Cage tyst framför pianot utan att slå an en enda ton. Stycket var ursprungligen skrivet för instrument i tre satser och har även framförts av olika symfoniorkestrar under fullständig tystnad. Den österländska filosofin och speciellt Zenbuddismen var en viktig inspirationskälla för Cage. I ett flertal verk försökte han skapa olika system för att komponera musik genom bland annat slump eller på andra sätt försöka eliminera konstnärlig inspiration och kreativa val ur sina kompositioner. Tystnaden var ett av de mest framgångsrika sätten.

-I have nothing to say / and I am saying it / and that is poetry / as I needed it. - John Cage

Konstnären Nam June Paik träffade 1958 John Cage i Tyskland och blev på så sätt inspirerad av Zenbuddismen. Paiks film *Zen for Film*, 1964, är en replik på John Cages verk *4.33*. I Zen for Filmvisar Paik en loop med oframkallad film i en projektor. Filmen blir en ljus yta som ibland störs av dammpartiklar eller repor på filmen. Istället för ljudets tystnad är det bildens tomhet som Paik uppmärksammar oss på. Det är ett verk som knyter an till Zenbuddismens tankar om meditationen och människans behov av att öka sin närvaro och förståelse av det vardagliga.

Att ställa ut ingenting är något som Yves Klein lyckades med när han i april 1958 öppnade sin utställning *The Void* på Iris Clert Gallery i Paris. Klein bjöd in 3000 personer till vernissagen. När de kom fram till galleriet hade man målat igen fönstren med den typiska blåa Kleinfärgen. I små grupper slussades sedan en liten skara av besökare in genom en sidodörr till galleriet. Där möttes de av ingenting, ett rum med nymålade vita väggar och en grå matta på golvet. Utanför galleriet växte köerna snabbt och slutligen fick polis och brandkår rycka in för att skingra folkmassan. På många sätt en lyckad vernissage trots att man egentligen inte visade någonting.

Det finns fler exempel på konstnärer som ställt ut ingenting. År 1972 gjorde konstnärsgruppen Art & Language en utställning som kallades *The Air Conditioning Show*. Luftkonditioneringen som fanns i utställningsrummet var inte riktigt en del av utställningen utan hade som syfte att skapa en behaglig temperatur i konsthallen. Besökarna skulle vistas i en neutral miljö, varken för varm eller kallt, som inte skulle störa eller påverka deras upplevelse när de gick omkring i den tomma konsthallen.

Precis som i Cages *4.33*, Paiks *Zen for film*, Kleins *The Void* utelämnas besökaren i *The Air Conditioning Show* åt sig själv och sina egna känslor och upplevelser. Det tomma rummet påminner om ett nirvanaliknande tillstånd befriat från alla världsliga influenser. Tystnaden och tomheten kan i många fall fungera som ett eko där vi kan höra våra egna tankar befriade från vardagens brus. För många blir detta meditativa tillstånd även ett andligt tillstånd som kan skapa känslan av att komma i kontakt med något högre bortom det egna medvetandet.

-Visiting a museum is a matter of going from void to void.
Roberth Smithson

Det går förstås även att göra objekt av ingenting. Ett av de mest kända är Marcel Duchamps *55 cc of Paris Air* från 1919. Verket är ett ready-made som består av en förseglad glasbehållare som Duchamp köpte av en apotekare i Paris. Behållaren innehöll 55 kubikcentimeter av ingenting. Kanske var det luft från Paris, det lär vi aldrig få veta för ingenting låter sig inte så lätt stängas in i en glasflaska. Behållaren gick nämligen sönder 1949 och därmed försvann ingenting ut i evigheten. En variant på Duchamps verk är Piero Manzonis *Artist's breath* från 1960 i vilket Manzoni blåste upp en ballong med sin egen andedräkt. *"När jag blåser upp en ballong, andas jag in min själ i ett objekt som blir evigt"*, förklarade Manzoni. När man ser resterna av den röda ballongen fastkletad på ett trästycke så kan man konstatera att Manzoni var lite väl optimistisk i sin tro på ballongen som en behållare för evigheten. Även i det här fallet visade sig ingenting vara en gäckande skugga som inte låter sig stängas in i någon form precis som andra eviga och andliga väsen.

I Heinrich Bölls novell är Murkes intresse för att samla tystnad från olika radioinslag bara en bihandling. Istället är det handlingen om hur Murke tvingas klippa om två radioinslag om konstens natur av professor Bur-Malottke, som i sista stund bestämt sig för att byta ut ordet Gud mot "det högre väsende vi tillber" i sina föredrag. I den del av föreläsningen som citeras i novellen säger Bur-Malottke *"… och var, när, hur och av vilken anledning vi än inleder ett samtal om konstens natur, måste vi först betrakta det högre väsendet vi tillber, måste böja oss i vördnad för det högre väsendet vi tillber och tacksamt ta emot konsten som en gåva från det högre väsendet vi tillber."* Murke konstaterar dock torrt att det i Bur-Malottkes radioinslag inte finns en enda paus.

Under långa perioder i konsthistorien fungerade Gud som en viktig inspirationskälla för konstnärerna och under romantiken blev det populärt att prata om den gudomligt inspirerade konstnären som genom sin direktkontakt med Gud skapade konst. Under 1900-talet blev vi dock allt mer sekulariserade och Gud passade inte riktigt hemma i modernismens tankevärld, men det fanns fortfarande många konstnärer som var intresserade av det andliga. Istället för en definitiv Gud började man därför prata om, precis som Bur-Malottke, ett mer abstrakt högre väsen som inspirationskälla. Det kunde röra sig om Zenbuddismen som i fallet med Cage och Paik eller idéer från hinduism eller teosofin som i fallet med Kazimir Malevitj.

Peter Cornell skriver i boken Den hemliga källan angående det andliga i Malevitjs konstnärskap:

"Hans mål är, precis som hos Kandinsky och Mondrian, att uppenbara den osynliga, högre värld som döljer sig bakom den vardagliga världen av materiella föremål, bakom den illusion som kallas 'Maya' i hinduistisk filosofi."

Malevitj är känd för sina monokroma geometriska tavlor *Svart cirkel,* 1913, *Svart kvadrat*, 1913, och *Vitt på vitt*, 1918, som alla ingick i den suprematistiska konststil som Malevitj skapade. De vita och svarta målningarna fungerar som en färgens tystnad. I de rena formerna och de monokroma tavlorna kan vi få insikt om något som ligger bortom det materiella. Malevitj menade att denna abstrakta minimalism, avskalad från det världsliga, kunde skapa ett gränssnitt eller tillstånd där vi kunde urskilja en högre andlig dimension och komma i kontakt med de krafter som verkar osynliga i universum.

Under 2010 genomförde konstnären Marina Abramović en uppmärksammad performance med titeln *The Artist is Present*. Mellan den 14 mars och den 31 maj 2010 fanns konstnären närvarande på MoMA i New York i samband med en retrospektiv utställning med hennes verk. Totalt satt Abramović stilla och tyst på en stol i museet under sammanlagt 736 och en halv timme. Människor köade i timmar för att få chansen att sitta några minuter i tystnad framför konstnären. Den långa väntan skapade i en del fall emotionellt starka känslor och förväntningar, precis som när unga fans hysteriskt väntar på sina idoler. Det Abramović gör, förutom att själv utstå eldprovet att sitta tyst och stilla under museets öppettider, är att hon fungerar som medium.

Man kan jämföra Abramović med antikens orakel i Delfi. Oraklet i Apollotemplet i Delfi andades in giftiga vulkanångor för att sedan i ett omtöcknat, gudomligt inspirerat tillstånd kunna ge besökarna svar på deras frågor. Svaren var ofta ganska mystiska och gav frågeställaren stort utrymme att själva tolka dem efter eget huvud. Inskriptionen *Gnothi seauton* över ingången, dvs. känn dig själv, gav en fingervisning om att oraklet snarare fungerade som en terapeut som gav besökarna den insikt de behövde och därmed möjlighet att ta rätt beslut och agera på ett korrekt sätt i olika situationer. I mötet med Abramović möter besökaren visserligen konstnären men hon ger inga svar. Snarare är det betraktaren som i hennes tystnad själv läser in sina egna önskningar och drömmar och förhoppningsvis lär känna sig själv lite bättre efter mötet. Konstnären fungerar i det här fallet, genom sin blotta tysta närvaro, som ett medium mellan det världsliga och det själsliga.

-Saying nothing... sometimes says the most. Emily Dickinson

Att som doktor Murke samla på tystnanden, är något som konstnären Danielle Roberts också har ägnat sig åt. Roberts projekt *Collecting Silence* är förstås lite mer tekniskt avancerat än Murkes klippning av band. Grundidén är dock densamma, att samla in tystnad som finns runt omkring oss. Roberts besöker olika platser med sin bärbara digitala inspelningsapparat som registrerar tystnad. Tystnaden spelas sedan in och på en Google Map registreras områdena geografiskt. Hela projektet kan man sedan följa på hemsidan (www.collectingsilence.org) där allt material samlas. Jag är säker på at doktor Murke skulle ha uppskattat Roberts samlade tystnad, men jag är osäker om han verkligen skulle ha hittat så mycket mer tystnad än på sina band. För absolut tystnad är även idag en sällsynt gäst i vårt samhälle.

-The rest is silence. William Shakespeare, Hamlet Akt V, Scen 2.

www.ingramcontent.com/pod-product-compliance
Lightning Source LLC
Chambersburg PA
CBHW020453220526
45464CB00002B/976